シリーズ【実像に迫る】005

小早川秀秋

黒田基樹

kuroda motoki

戎光祥出版

はしがき

小早川秀秋《こばやかわひであき》――。彼は、羽柴《はしば》（豊臣《とよとみ》）秀吉《ひでよし》の一族が語られるとき、あるいは関ヶ原合戦が語られるときに、必ず取り上げられる人物といえる。

しかし、そこでの語られ方は、ほぼ一様に、ひ弱で、決断力に欠け、関ヶ原合戦では江戸方（徳川家康《とくがわいえやす》方）と大坂方（石田・大谷方）のいずれに味方するか迷い、あげくには合戦当日に大坂方から江戸方へ寝返り、しかもその寝返りにすら優柔不断さを発揮し、家康から「問鉄砲《といでっぽう》」されてようやくに実行した、というようなものであろう。

ところが、こうした秀秋に対するイメージは、江戸時代中期以降に成立した軍記物などによって創り出されたものといってよく、それが戦後の歴史小説などで増幅されてきたものであった。いま現在でも、秀秋についての一般的な認識は、こうしたものといって差し支えないであろう。

では、秀秋の実像とはいかなるものであったのだろうか。実はこれまで、秀秋に関する本格的な評伝は、全く出されていないのである。それどころか、秀秋に関する本格的な研究すら、ここ二〇年の間にすすめられるようになったにすぎず、しかもその数量は決して多いものではない。いわば、秀秋についてのきちんとした研究は、いまだ充分にはすすめられていないのである。

私はちょうど二〇年前から、秀秋に関心を寄せるようになった。それは、羽柴家の一門大名として最後の存在であったこと、羽柴政権期から徳川政権期にかけての時期に、有力な国持大名として存在していたこと、が大きな理由であった。秀秋の発給文書・受給文書といった基本史料の集成をおこない、花押《かおう》型や

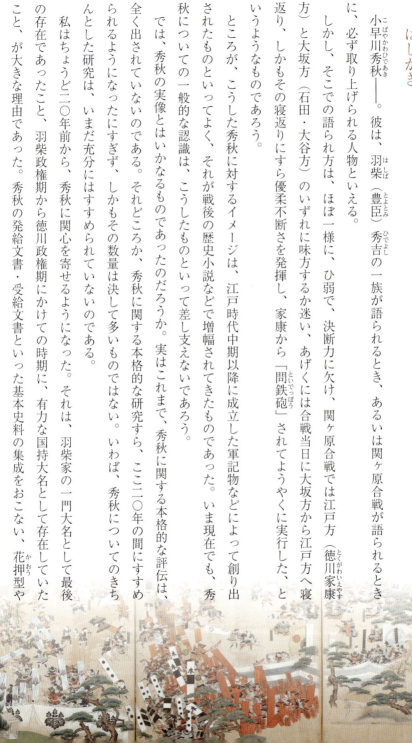

名乗りの変遷から無年号文書についての年代比定をおこなうなどの基礎作業をすすめた。そのうえで、関ヶ原合戦後における備前・美作領国期の領国支配の実態について追究するなどした。

また、この一〇年ほどのうちに、羽柴政権期に関する政治史研究が本格的にすすめられるようになってきて、秀秋に関する事実についても、いくつか明らかにされるようになってきた。とくに注目されるものに、関ヶ原合戦時における動向があげられる。秀秋は合戦当日に裏切ったのではなく、少なくとも前日には裏切っていたのであり、翌日の合戦では、開戦時から大坂方への攻撃をおこなっていて、そのため「問鉄砲」などはなかった、といったことがわかってきたのである。

そこで本書では、できるだけ当時の史料をもとに、秀秋の動向をまとめてみようと思う。秀秋の政治的な動向について、後世に創り出された評価ではなく、当時の史料をもとにして、その実像に迫ろうとするものである。ただし、家臣団構成の実態や、領国支配の実態についてはあまり詳しく述べることはできていない。それらの部分についてはまだまだ研究が不足しているからである。とはいえ、古文書・古記録などの当時の史料からうかがえる、実際の秀秋の姿について、ある程度は示すことができたものと思う。

本書は分量が少ないながらも、まがりなりにも秀秋についての評伝として初めてのものとなる。読者には、ようやく秀秋の実像に、接していただけることであろう。また、これをきっかけにして、これから秀秋に関する研究がさらにすすめられていくことを期待したい。

二〇一六年一二月

黒田基樹

シリーズ【実像に迫る】005

小早川秀秋

目次

はしがき……2

口絵　秀秋の肖像とゆかりの品々……6

第一部　羽柴家一門の貴公子……11

第一章　秀吉の養子と羽柴家一門……12

頻繁に変遷する名乗り　12／出自と生まれ年　14／秀吉の養子になる　16／羽柴家一門衆の序列　18／領国支配の開始　22／秀吉からの愛情　23／酒狂いを戒められる　26

第二章　小早川家を継ぎ大大名になる……29

異例づくめの小早川家への養子入り　29／小早川隆景の意図　32／備後国三原への下向と秀次事件の余波　34／小早川家の家督継承と隆景の隠居　37／本格化する筑前・筑後の領国支配　40

第二部　栄光、そして転落……43

第一章　運命を左右した朝鮮出兵の失態……44

最初で最後の総大将　44／蔚山城で明国の大軍を撃退　47／越前国北庄領への転封の謎　49／
秀吉の遺言により筑前・筑後領国へ再封される　52

第二章　関ヶ原合戦での軍功……57

大坂方に味方する　57／大坂方の戦略で各地を転進　59／江戸方に誘われる　65／
秀秋が「叛逆」したのはいつか　67／戦功を最大限に評価される　74

第三章　備前・美作二ヶ国の太守……76

備前・美作の二ヶ国を与えられる　76／家老平岡頼勝を誅殺し、家中騒動が勃発　79／
領国支配の再編　82／秀秋、死去する　86

参考文献一覧　89／基本史料集・自治体史　90

小早川秀秋関連年表　91

秀秋の肖像とゆかりの品々

▲小早川秀秋画像■京都市・高台寺蔵

▲小早川秀秋坐像■等身大の像とされる　京都市・瑞雲院蔵

▲秀秋の所用と伝わる猩々緋羅紗地違い鎌模様陣羽織■東京国立博物館蔵　Image:TNM Image Archives

▶秀秋が寄進した流金釣燈籠■福岡市・筥崎宮蔵

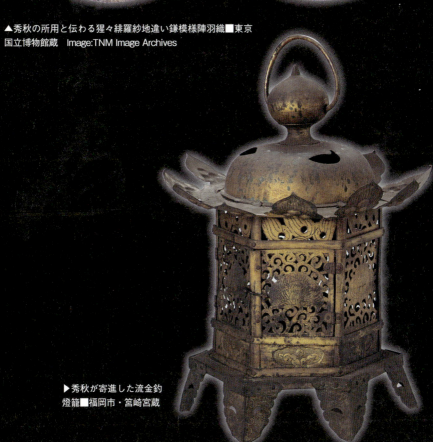

▶「関ヶ原合戦図屏風」に描かれた徳川家康の陣■関ヶ原町歴史民俗資料館蔵

▲関ヶ原合戦図屏風（井伊家伝来資料）■彦根城博物館蔵　画像提供：彦根城博物館 /DNPartcom

◀「関ヶ原合戦図屏風」に描かれた小早川秀秋の陣■関ケ原町歴史民俗資料館蔵

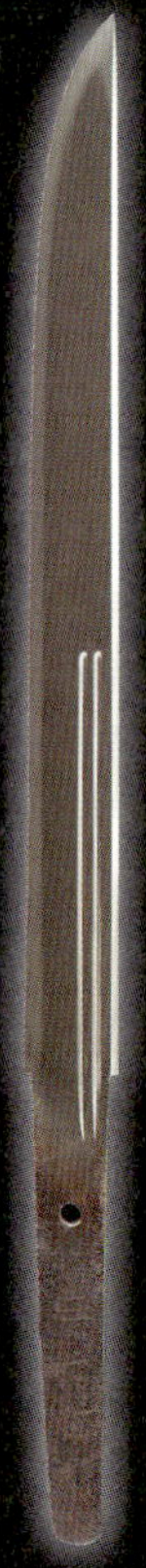

▲秀秋の所用と伝わる短刀
吉光■東京国立博物館蔵
Image:TNM Image Archives

▶秀秋の所用と伝わる紫糸威二枚胴具足と三鍬形後立小星兜■東京都千代田区・靖國神社遊就館蔵

第一部　羽柴家一門の貴公子

木下家に生まれ、羽柴秀吉の養子となり、さらには小早川隆景の養子として同家を継ぐなど、めまぐるしく変転していく歴史の流れに翻弄された少年期。天下人の一族羽柴家一門として、秀秋はどのように自立していったのか。

豊臣（羽柴）秀吉画像■大阪市立美術館蔵

第一章　秀吉の養子と羽柴家一門

頻繁に変遷する名乗り

小早川秀秋《こばやかわひであき》は、わずか二十一年という短い生涯のなかで、しばしば実名や通称などの名乗りを変えている。

まず、実名が初めて確認されるのは天正《てんしょう》二十年（文禄《ぶんろく》元年、一五九二）正月のことで、「秀俊《ひでとし》」を名乗っていた。その後、慶長《けいちょう》二年（一五九七）四月から七月の間に「秀秋」に変え、さらに同六年閏十一月から翌同七年正月の間に、「秀詮」に変えている。読みは、「秀秋」と同じく「ひであき」であった。

名乗った期間の長さをみると、「秀俊」が四年半ほど、「秀秋」が四年半強ほど、「秀詮」が十ヶ月ほどになり、わずかながら「秀秋」を、最も長い期間にわたって使用している。そのため本書では、煩雑を避けて実名を「秀秋」に統一して叙述することにする。

秀秋が史料に初めて登場するのは、天正十三年（一五八五）閏《うるう》八月のことである。すでに羽柴《はしば》（豊臣《とよとみ》）秀吉《ひでよし》の養子になっていたから、名字は「羽柴」を称していたと

小早川秀秋の花押の変遷

花押１

花押２

みていい。その後、文禄三年（一五九四）十一月に筑前《ちくぜん》小早川隆景《たかかげ》の養子になって、「小早川」名字を称することになる。ただし、羽柴政権のもとでは、国持大名《くにもちだいみょう》・公《く》家成《げなり》大名は「羽柴名字」を称したので、秀秋は小早川家に養子入りし、翌年に家督《かとく》を継ぐものの、実際には名字は羽柴名字のままであった。

したがって、正確にいうと、「小早川秀俊」や「小早川秀秋」と称した人物は存在しないのである。しかし、多くの大名が羽柴であり、区別が難しいため、慣例的に本来の名字で呼称していて、秀秋についても小早川家への養子入りにともなって、「小早川」名字を冠して呼んでいる。

通称は、仮名《けみょう》と官職名《かんしょくめい》によるものとがあった。元服前から元服後を通じて称していたのが、「金吾《きんご》（金五）」である。「金吾」や「金五」の名は、衛門府《えもんふ》の唐名《とうめい》であることから、江戸時代から、右衛《え》門尉《もんのじょう》ないしは右衛《え》門督《もんのかみ》に任官したことにともなうものと考えられてきた。しかし、わずか三歳の時点で、しかも元服前の任官は考えられないので、これは幼名《ようみょう》もしくは仮名とみるべきであろう。元服前の呼称は幼名として名乗ったと考えられ、それを元服後も称していることから、そこでは仮名として称したと考えられる。すなわち、幼名をそのまま元服後も仮名として使用したと考えられるのである。

天正十六年四月には、従五位下《じゅごいのげ》・侍従《じじゅう》に叙任《じょにん》されて、公家成している。公家成とは、武士が同官位に叙任されて公家の身分になることをいう。そして、それに

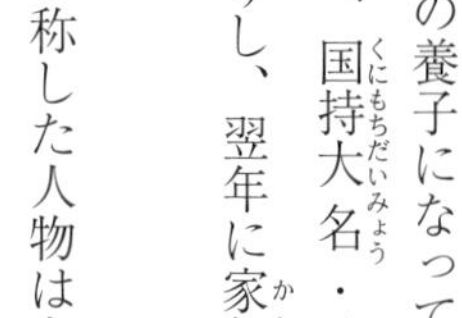
花押３

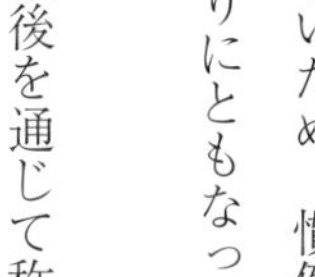
花押４

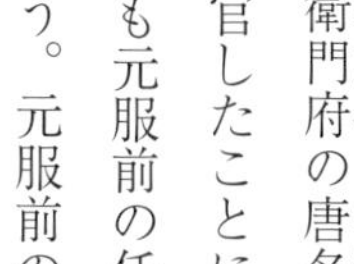
花押５

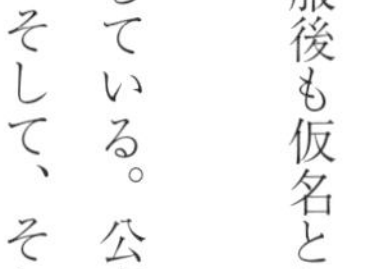
花押６

ともなって「金吾侍従」と称されている。同十七年十一月に丹波《たんば》国亀山《かめやま》領（京都府亀山市）を与えられて大名となり、同二十年（文禄元年・一五九二）正月に従三位《じゅさんみ》・権中納言《ごんのちゅうなごん》に叙任されると、以後は「羽柴丹波中納言」を称している。羽柴政権では、公家成大名の場合、羽柴名字・領国《りょうごく》名・官職名を合わせた呼称をするのが通例となっていた。

その後は、文禄三年十一月に小早川隆景の養子になると、「羽柴筑前中納言」を称し、慶長三年（一五八八）四月に越前《えちぜん》国北庄《きたのしょう》領（福井県福井市）に転封《てんぽう》されると、「羽柴北庄中納言」を称した。そして、同四年正月に筑前国に再封されると、再び「羽柴筑前中納言」を称し、同五年十月に備前《びぜん》・美作《みまさか》二ヶ国に転封され、備前国岡《おか》山《やま》城（岡山県岡山市）を本拠にすると、以後は「岡山中納言」「備前中納言」を称するようになる。このように、秀秋は中納言に任官した後は、その時々の領国名を冠し、官職名に合わせて呼称された。

■出自と生まれ年■

秀秋は、秀吉の妻北政所《きたのまんどころ》（浅野寧々《あさのねね》・高台院《こうだいいん》、杉原定利《すぎはらさだとし》の娘・浅野長勝《ながかつ》の養女）の実兄木下家定《きのしたいえさだ》の五男とされる（『藩翰譜《はんかんふ》』など）。これについては、家定の三男延《のぶ》俊《とし》が、秀秋の兄であったことが確かなので（『兼見卿記《かねみきょうき》』文禄三年十二月三日条）、

小早川秀秋の印判

印判1

印判2

秀秋の最後の居城であった岡山城跡■現在の天守は、戦後に再建されたもの　岡山県岡山市

信用してよいと思われる。

生まれ年には諸説があり、慶長七年に死去したときの没年齢について、『小早川系図』などに二十六歳、『藩翰譜』などに二十三歳、『落穂集《おちぼしゅう》』などに二十二歳、『沼田《ぬた》小早川系図』などに二十一歳、などとみえる。それぞれ逆算すると、生まれ年は天正五年（一五七七）、同八年、同九年、同十年という具合になる。

かつては天正五年説が有力であったが、近年は同十年説が有力になっている。これに関しては、天正十年生まれであることを示す明確な史料が存在することから、同年で確定される。

すなわち、後に小早川隆景の家督を継いだ際の、文禄四年（一五九五）十月十八日付で、隆景の家臣鵜飼元辰《うがいもととき》が、秀秋への祈念のため隆景の命をうけて伊勢《いせ》社《しゃ》に進納する進物《しんもつ》を書き立てたものに、「午《うま》の御年で、十四歳に成られ、（筑前国への）御成《おなり》についての御祈念」と記されているのである（「村山書状」『新修福岡市史資料編近世1』一二八号）。ここで秀

秀秋の実父・木下家定画像■京都市・建仁寺常光院蔵

木下家定の墓■大分県日出町・松屋寺

足守藩陣屋跡の庭■足守藩は、秀秋の実父家定が藩祖である　岡山県岡山市

秋は、「午年」生まれの十四歳である、と明記されているので、天正十年・壬午の生まれであることが確認できる。

また、『藩翰譜』などでは、幼名を辰之助《たつのすけ》といったとしているが、これについては当時の史料によって確認することはできない。秀秋が最初にみえる史料は、（天正十三年閏八月）十一日付の秀吉書状で、養女豪姫《ごうひめ》（宇喜多《うきた》秀家《ひでいえ》の妻・前田利家《まえだとしいえ》の娘）に続いて、「きん五こも事つて申し候」とみえるものである（「今出川勇子氏所蔵文書」『豊臣秀吉文書集』一五五五号）。このとき、秀秋はわずか四歳であったから、むしろここにみえる「金五」（金吾）こそが、幼名であったとみられる。

さらに、ここで養女豪姫と同様の扱いをうけていることから、それまでに秀吉の養子になっていたことがわかる。この点に関して、『沼田小早川系図』では、三歳のとき、すなわち天正十二年に秀吉の養子になったと記しており、時期的には符合している。また、これより三年後の同十六年四月の聚楽第行幸《じゅらくていぎょうこう》に際して、「金吾主」について「政所甥、秀吉養子」と注記されていることによって、秀吉の養子になっていたことが確認できる（『当代記』天正十六年条〈『史籍雑纂第二』五五頁〉）。

■秀吉の養子になる■

秀吉の養子になったことが確認できるのは、初見史料である天正十三年

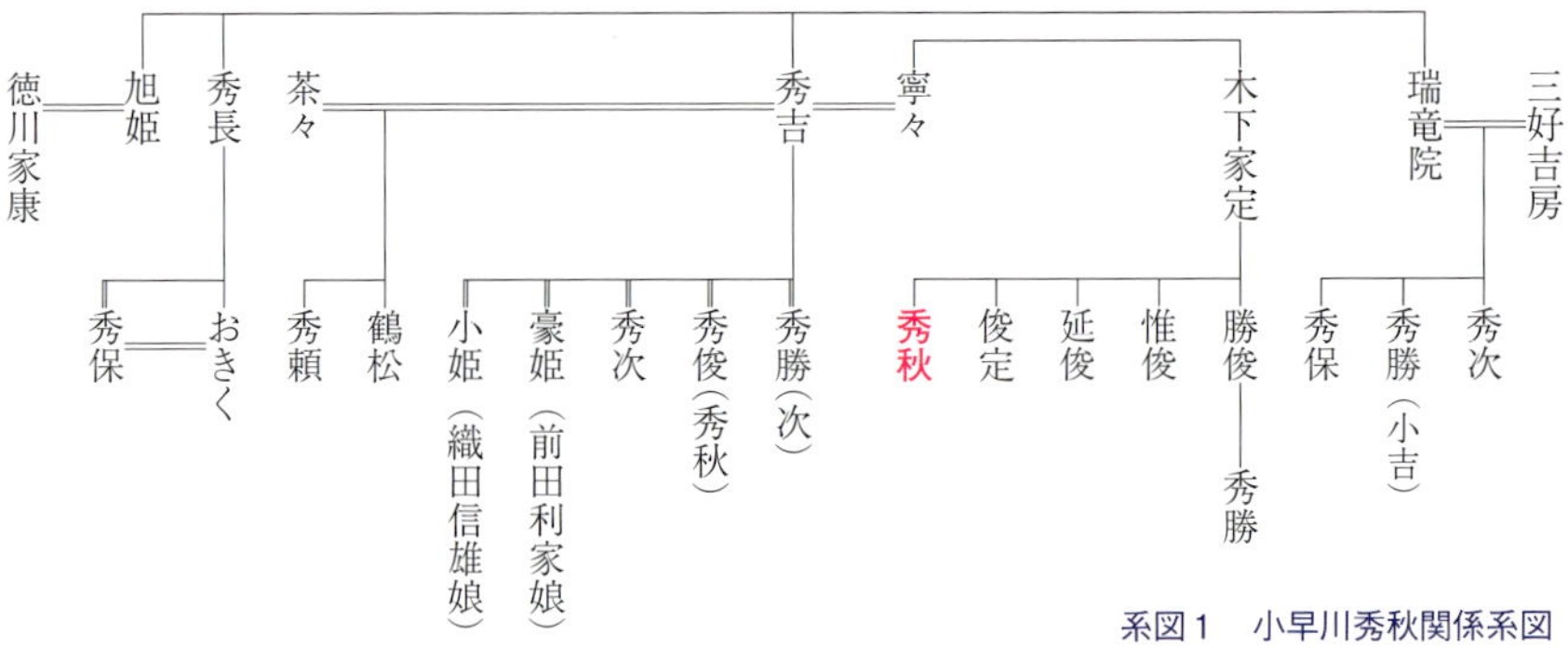

系図1　小早川秀秋関係系図

（一五八五）閏八月のことである。この時点で秀吉の養子に迎えられたのは、養嗣子であった於次秀勝《おつぎひでかつ》（織田信長《おだのぶなが》の五男）が病態であったから、それに代わりうるものとしてであった可能性が高い。実際に、於次秀勝が同年のうちに死去したことによって、秀秋は秀吉の唯一の養子になったのである。

そして、同十六年四月十四日の聚楽第行幸にあたって、わずか七歳で元服し、従五位下・侍従に任官し、公家成した。それにともなって豊臣姓・羽柴名字を与えられるとともに、実名秀俊を名乗ったと思われる。以後は「金吾侍従」を称したことはすでに述べた（「聚楽第行幸記」『群書類従第三輯』）。

羽柴於次秀勝像■京都市・瑞林院蔵　写真提供：長浜城歴史博物館

ここでの侍従への任官は、二歳年長で織田嫡流家の織田秀信《ひでのぶ》、三歳年長で羽柴家一門衆筆頭の羽柴秀長《ひでなが》（秀吉の弟）の養子秀保《ひでやす》（秀吉の姉瑞竜院の三男）と同時であった。しかも翌十五日には、諸大名から秀吉に対して、秀吉への忠誠を誓約した連署《れんしょ》起《き》請文《しょうもん》が提出されるが、その宛名は「金吾殿」とされていて、秀秋に宛てたものとなっている。このことは、秀秋が諸大名の秀吉への忠誠を受けとめ

天正十六年の聚楽第行幸を描いたとされる御所参内・聚楽第行幸図屏風■左側の建物が聚楽第である　個人蔵　上越市立総合博物館寄託

る立場にあったこと、すなわち、叔父秀長を含む諸大名とは異なる立場にあったことを示している。これについては、これまでも秀吉の後継者の地位にあった可能性が指摘されている。

　そうした状況は、同年七月の安芸毛利《あきもうり》輝元《てるもと》の上洛の際にもうかがえる。七月二十四日、輝元は聚楽第に出仕した際、秀吉とその家族に進物を進上しているが、その順番は、秀吉、秀秋、北政所の順番であった（「毛利輝元上洛日記」『福原家文書上巻』）。このことからみても、この時点では秀秋は秀吉の後継者の地位にあったとみてよいと考えられる。

　しかし同十七年五月に、秀吉に実子鶴松《つるまつ》が誕生したことにより、秀吉の後継者の地位は鶴松に確定されることになった。それでも秀秋は、秀吉の養子として特別な扱いをうけ続けている。たとえば、（同十八年）五月十四日付で秀吉が北政所にあてた消息《しょうそく》（手紙）では、「わかきみ（鶴松）・大まんどころ殿（秀吉母）・五ひめ（豪姫）・きん五・そもじ」と（「小山文書」『太閤書信』七〇号）、別の消息では「大まんどころ殿・そもし・わかきみ・おひめ（養女、織田信雄《のぶかつ》の娘・徳川秀忠《とくがわひでただ》の妻）・きん五」と（「篠崎文書」同前七二号）、家族を列挙したなかに必ず入っているのである。

秀保の居城大和郡山城跡■織田期には筒井順慶の拠点であったが、羽柴期には秀保の養父秀長の居城となり、後に秀保が受け継いだ。秀長入部時に大規模な修造がなされ、藤堂高虎などが携わっている　奈良県大和郡山市

天正十七年（一五八九）十月八日に、羽柴家一門衆の羽柴小吉秀勝《ひでかつ》（秀吉の姉瑞竜院の次男）が、秀吉から勘当されて丹波国亀山領を取り上げられると、秀秋はその後をうけて同領を与えられ、亀山城を本拠とした。ちなみに、領知高については明確ではなく、いくつかの説がみられるものの、いずれも当時の史料に基づいたものではない。ここで秀秋は、初めて領国大名に取り立てられたことになる。すでに秀吉の嫡子として鶴松が存在していたため、羽柴家一門衆として存在することになったと考えられる。しかし、それでもこのときわずか八歳にすぎなかった。

ところで秀秋は、この後においても同様だが、実際に領国に入部することはほとんどなく、具体的な領国支配は家臣に委ねられている。おそらくこのときに、秀吉から家臣を付けられたと考えられ、それらの家臣が実際に領国支配にあたったと思われる。この頃に秀秋の家臣として確認できるのは、山口玄蕃頭正弘《やまぐちげんばのかみまさひろ》（後に宗永《むねなが》）である。いわゆる付家老《つけがろう》のような存在で、この後は越前国北庄領国期まで、宿老《しゅくろう》として存在することになる。

なお、丹波国亀山領の領有にともなって、以後は「羽柴丹波侍従」を称したとみられるものの、現在のところ、その呼称は史料では確認できない。むしろ、同十九年においても「金五侍従」と称されているので（「旧記雑録附録」『鹿児島県史料旧記雑録附録二』一七五号）、基本的にはその呼称が用いられ続けていたことがわかる。

ちなみに、同十八年の関東仕置にともなって、近江《おうみ》国八幡山《はちまんやま》領一〇万石への転封が

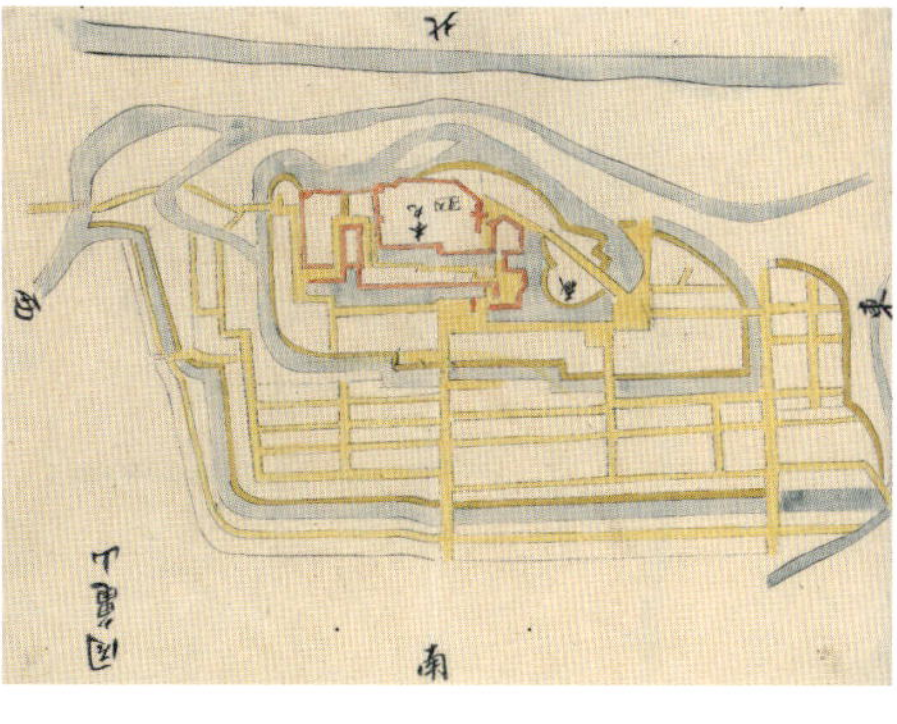

「近世城図」に描かれた亀山城跡■個人蔵

秀秋の宿老であった山口宗永の首塚■石川県加賀市

豊臣（羽柴）秀次画像■京都市・瑞泉寺蔵

検討されていたらしい（「翠関雑記」『愛知県史資料編13』三九号）。これは、尾《お》張国清須《わりのくにきよす》領に転封となった羽柴秀次《ひでつぐ》（秀吉の姉瑞竜院の長男）の跡をうけてのものだが、いうまでもなく、これは実現されていない。

次いで同十九年十月一日に、正四位《しょうしいの》下《げ》・参議《さんぎ》に叙任された（「上杉文書」『新潟県史資料編3』一〇二〇号）。これによっておそらく、「羽柴丹波宰相《さいしょう》」を称したと思われるが、これも現在のところ、「宰相」（参議の唐名）で呼称されている史料は確認できない。参議への任官は、羽柴秀次が秀吉の後継者になったことにともなうもので、秀秋の任官も、秀保の同官任官に続いてのものであった。秀保については「宰相」呼称が確認されているので、秀秋についても、任官そのものは事実であったとみてよいと考えられる。

ちなみに、この参議への任官は、近衛権少将《このえごんのしょうしょう》・同中将《ちゅうじょう》を飛び越したものになるが、これは秀秋が「清華衆《せいがしゅう》」になっていたからと考えられる。「清華衆」とは、大臣《だいじん》まで昇進できる公家の家格をいい、武家ではこれまでにも、織田家・徳川家・

羽柴秀次の居城八幡山城跡■八幡山の山中に築かれた山城で、城下町を移して作られたという。城下町は安土城の二の丸をはじめ、各所に石垣が残っている　滋賀県近江八幡市

羽柴秀長家・同秀次家・宇喜多家・上杉家・毛利家・前田家などに認められていたものであった。同時に参議に任官した秀保は、秀長家の当主としてのものであった。秀秋もそうした家格を認められたのである。なお、それと同時かその後かは明確ではないが、右近衛権中将にも任官している（久我文書「小早川秀秋文書集」三号。以下、秀秋三号のように略記する）。

次いで、同二十年（文禄元年・一五九二）正月二十九日には、従三位・権中納言に叙任された（「久我文書」秀秋三号）。これは、すでに羽柴家当主になっていた秀次によっておこなわれた聚楽第行幸にともなうものであり、これ以後は「羽柴丹波中納言」と称された。この官名呼称については、当時の史料によっても確認することができる。ここでの中納言任官は、羽柴秀保と同時のものであり、諸大名でそれ以上の官職にあったのは、大納言《だいなごん》の徳川家康《いえやす》一人だけであった。

ここに、秀秋の一門衆のなかにおける地位は、筆頭にあった秀長家当主の秀保と同等に位置付けられることになった。しかし、それでも秀秋はわずか十三歳にすぎなかった。なお、一門衆としてほかには最年長の小吉秀勝がいたが、秀勝はこのとき参議に昇任しているにすぎず、年齢は下であったが、秀保・秀秋のほうが上位に位置していたのである。

ちなみに秀秋は、この後これ以上の官職の昇任はなくなるが、その後、中納言以上に任官したのは前田利家の大納言のみであった。そして、徳川秀忠（家康の嫡子）・

豊臣（羽柴）秀長画像■奈良県大和郡山市・春岳院蔵　写真提供：大和郡山市教育委員会

羽柴秀長の墓（大納言塚）■奈良県大和郡山市

織田秀信・宇喜多秀家・上杉景勝・毛利輝元が中納言に昇任してくるが、秀秋は先任として、常にそれらよりも上位に位置していくのである。とくに、文禄四年四月に一門衆筆頭の秀保が死去すると、秀秋はそれに代わって一門衆筆頭の立場に位置することになり、その状況は、秀秋が死去するまで変わることはなかった。

■領国支配の開始■

秀秋は、天正二十年（文禄元年・一五九二）十一月十七日に、現在確認される最初の発給文書を残している（「紀伊国古文書」秀秋七号）。これは、家臣の栗田喜左衛《くりたきざえ》門《もん》に丹波国氷上《ひかみ》郡内で三五〇石の所領を与えているものである。ここから、この頃から家臣に対して、知行充行状*を発給するようになったことがわかる。

その後は、文禄三年（一五九四）四月二日付で、家臣の村田平左衛門尉・太田九左衛門尉に、丹波国多喜《たき》郡内で所領を与える知行充行状を出しており（「思文閣古書資料目録一四五号」「新編会津風土記」秀秋九・一〇号）、同年四月二十六日付で、家臣某（宛名欠）に丹波国船井《ふない》郡内で所領を与える知行充行状を出している（「山本泉氏所蔵文書」秀秋一一号）。

丹波国亀山領支配に関して秀秋が出した文書は、現在のところ以上の四通が確認されるにすぎないものの、文禄元年十一月から、自ら領国支配のための文書を出す

法華寺■室町時代に開創されたと伝わる日蓮宗の寺院で、亀山領支配期の秀秋が庇護したという。このほか、聖隣寺や宗堅寺など、亀山には秀秋にゆかりのある寺院が多く残る　京都府亀岡市

*知行充行状■所領や所職を家臣に与える際に発給した文書で、戦国期には判物や印判状が一般的に用いられた。

ようになっていることがわかる。もちろん、わずか十三歳であったから、それらを独自の判断でおこなったとは考えにくく、実際には宿老の山口宗永の差配によるものと思われる。

しかしそれでも、このように家臣に対して知行充行状を出していることそのものが、独自の家臣団を編成し、同時に独自に領国支配にあたるようになったことを示している。それはすなわち、秀秋が自立した領国大名として存在するようになったことを意味していよう。

秀吉からの愛情

秀秋は、領国支配を開始する直前の天正二十年（文禄元年・一五九二）十月二日に、秀吉から七ヶ条の教訓書《きょうくんしょ》を与えられている（「大阪城天守閣所蔵文書」秀秋六号）。現代語訳でその内容を示してみよう。

覚え

一、学問を心懸けなさい。

一、鷹野は無用である。

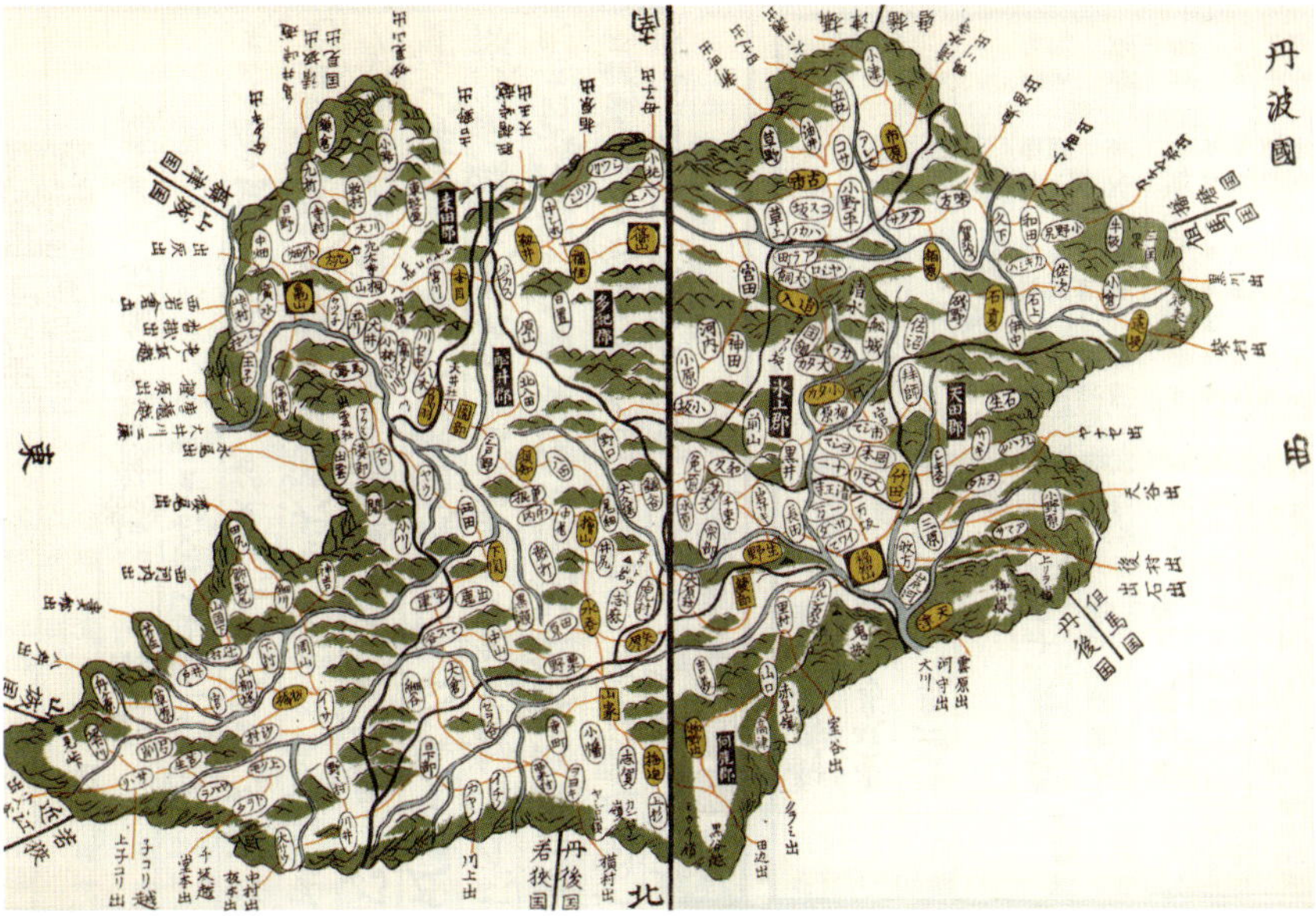

丹波国絵図■当社蔵

一、行水は局方でおこないなさい。
一、歯黒《はぐろ》は二日に一度つけなさい。
一、五日に一度勤め（聚楽第への出仕か）をしなさい。付則、近所で召し使っている者に、身なりを奇麗にさせなさい。
一、小袖《こそで》は奇麗な物を衣紋をきちんとして着なさい。
一、何事も山口（宗永）の意見を聞きなさい。
右の事を守らない場合は、中《（仲）》を違えるので、充分にわきまえなさい。

ここで秀吉から、日頃の生活態度における注意点について指導されている。これから領国大名として自立するにあたって、大名としての自覚をうながすためであろう。そして秀吉は、もしこれらの事を守らなかった場合には、仲違いすると述べている。それだけ、秀秋の成長を心にかけていたことがうかがわれる。

また、こんなこともあった。文禄二年三月、「唐入《からい》り」（朝鮮出兵）のために肥前《ひぜん》国名護屋《なごや》城（佐賀県唐津市）に在陣していた秀吉は、秀秋を同城に呼び寄せることにした。秀秋は下向にあたって、大坂城に赴いて北政所に出立の挨拶をして、三月十二日に大坂を出立、同月二十二日に名護屋城に到着した。そこで秀秋は、北政所からうけた対応について秀吉に伝えたらしく、それをうけて秀吉は、北政所に対し、秀秋への対応について、次のように苦言を述べている（「武家事紀」『太閤書信』九九号）。

金五が（三月）二十二日に名護屋に到着し、軍勢も多く率いていて、奇麗に（き

鷹狩図■鷹野とは鷹狩りのことで、戦国期には単に遊戯のためのみならず、民情視察のためにおこなわれたともいわれる　MOA美術館蔵

ちんとした武装を）していたので、とても誉めた。金五が大坂で（北政所に）暇乞いに行ったところ、あなたは機嫌が悪く、金五が求めた武具をちっとも用意していなかったことを聞いた。どうしてそんなことをしたのか。あなたがかわいがらないでは、誰が（金五を）かわいがるのであろうか。今後はいっそうかわいがって、私からの要求と思って、どんな用事でも聞いてあげなさい。あなたにはほかに子はいないのだから、金五だけを子と思って、大切にしなさい。

今後は、（金五を）私のことと同じようにかわいがりなさい。金五の覚悟がいいものであれば、私の隠居分を与えようと思っているので、少しも物惜しむ心をしないように心得なさい。

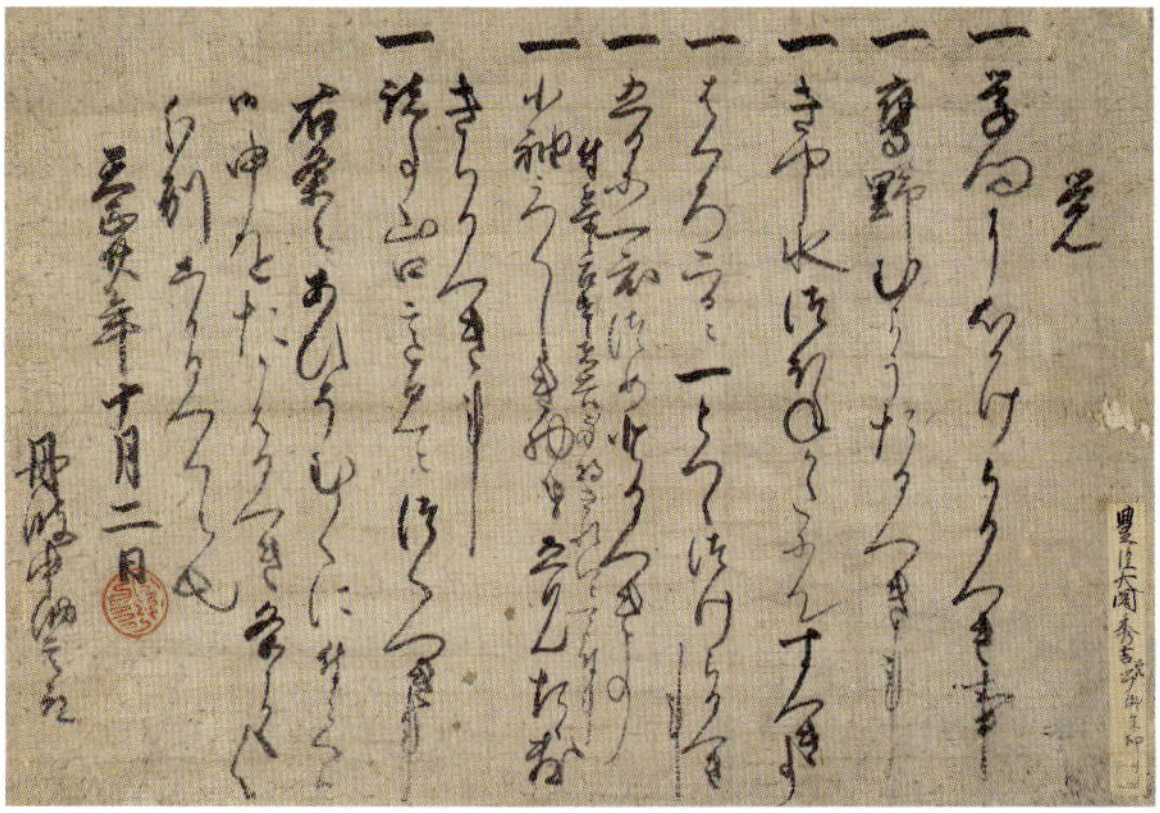
天正二十年十月二日付け小早川秀秋宛て豊臣（羽柴）秀吉教訓書■大阪城天守閣蔵

北政所がどうして機嫌の悪い態度をとったのかはわからない。実の甥であることをふまえれば、何か不都合なことをしたために、厳しく接したのかもしれな

名護屋城跡■秀吉の朝鮮出兵に際し、前線基地として築かれた城で、城下町なども造られ、巨大な規模を誇る。国の史跡に登録されている。周囲には各将の陣所が築かれたが、残念ながら秀秋の陣所の位置はわかっていない　佐賀県唐津市

い。それに対して秀吉は、北政所に対して、とにかく秀秋の様子を誉めるとともに、秀秋をかわいがるようにといい、さらには自分に対してと同じように愛しむようにとまで言っている。こうしたところから、秀吉がいかに秀秋をかわいがっていたかがうかがわれよう。

しかも秀吉は、秀秋の覚悟がよければ、自身の隠居分を与えるとまで言っている。この時点で、すでに羽柴家の家督は秀次が継いでいた。その後に羽柴家を継ぐ次男秀頼《ひでより》は、この年の八月に誕生してくることになる。秀秋がかつて後継者の立場にあったことをふまえると、この時点でも、秀吉はそれに準じる扱いをしていたことがうかがえ、それが隠居分の相続という考えに表されているとみられる。

酒狂いを戒められる

秀秋の少年期の様子については、死後のものになるが、関《かん》白《ぱく》を務めた近衛《このえ》信尹《のぶただ》による追悼記（「同じ悼み」『ねねと木下家文書』四八頁）から知ることができる。少し長文なので、内

羽柴時代の大坂城跡復元模型（全景）■大阪城天守閣蔵

容をかいつまんで紹介することにしよう。

　北政所の甥には多くの兄弟がいたが、秀吉は秀秋をことのほか愛しみ、養子にし、自身の跡継ぎとも、国の補佐ともすると思って、秀秋には学問も手習いも幼いときからさせようと思い、*聖護院准后道澄《しょうごいんじゅごうどうちょう》（信尹の叔父）のもとに通わせたという。

　秀秋が八歳のとき、すなわち天正十七年（一五八九）の春頃、なかなか手習いが上達しないため、何日も和歌の書き取りをおこない、蹴鞠《けまり》の庭に立ち入ると、手足の動かし方を一通り修得するなど、なにごとについても学ぼうとしていた。そうして賢くなっていくと、物事のわきまえ方もわかるようになり、没落した貧しい武士や、流浪の人々を救済したいという考えもでてきたという。

　これによれば、秀秋は幼少期から一種の英才教育をほどこされており、八歳を過ぎた頃からは、賢さがみられるようになっていた様子がうかがえる。ところがその後、若い仲間と戯れていくなかで、酒を多く飲む日が多くなったという。これに対して北政所は、そのような行為は間違いだと悟らせようとしていて、その状況について、世人は道理のある戒めととらえていたという。

　いつの頃からのことかはわからないが、少なくとも八歳より後のことになるが、秀秋は若い仲間との戯れに酒を覚え、その量が多くなり、毎日のことになって、これを北政所が戒めるようになっていたという。そうすると、先に述べた文禄二年（一五九三）三月に、北政所が秀秋に対して機嫌の悪い態度をとっていたのも、こ

*聖護院准后道澄■近衛稙家の子で、信尹の叔父にあたる。叔父の聖護院道増のもとで得度したのち、園城寺長吏や熊野三山検校を歴任した。とりわけ園城寺を復興したことで知られ、中興の祖とされる。

聖護院■中世には延暦寺に属し、法親王や摂関家の子弟が入寺する有力な門跡寺院であった。本山派修験の総本山としても知られる　京都市左京区

北政所（高台院）画像■京都市・高台寺蔵

の戒めによるものだったと考えられるかもしれない。

このように、秀秋は当初は賢い子として育ちつつあったようであったが、仲間との遊びのなかで酒狂いになってしまったらしく、これを北政所がひどく戒めるようになっていた様子がうかがえる。

どうしてそのようになってしまったのかはわからないが、少なくとも、自らを律しうる強靭な精神力は備わっていなかったことはいえるだろう。もしかしたら、秀吉の養子としての英才教育の反動であったのかもしれない。

「酒飯論絵巻」に描かれた酒好きの男■国立国会図書館蔵

第二章　小早川家を継ぎ大大名になる

■異例づくめの小早川家への養子入り■

秀吉の養子として、一時期は後継者の地位にあり、また、秀次が羽柴家の家督を継いでからは、秀吉の隠居分の継承を想定されていた秀秋であったが、秀吉に新たな実子秀頼が誕生したことで、その立場は大きな変更を余儀なくされることになる。秀頼は文禄二年（一五九三）八月に誕生し、これをうけて羽柴家当主であった秀次の立場は、秀頼が成人するまでの中継ぎという存在になってしまった。当然ながら、隠居分についても秀秋への継承はなくなったと考えられる。

しかし、ここで転機が訪れる。翌文禄三年七月十二日までに、筑前一国・筑後国二郡・肥前国二郡の三〇万七千石を領知していた小早川隆景の養嗣子となること、小早川隆景の宗家《そうけ》にあたる安芸毛利輝元の養女（輝元の叔母宍戸《ししど》隆家《たかいえ》の妻の子および輝元妻の兄宍戸元秀《もとひで》の娘）を妻に迎えることが決められたのである（「湯浅文書」『新修福岡市史資料編近世1』一一六号）。

だが、これはかなり異例なことといわなければならない。というのは、隆景には

丹波時代の秀秋の居城・亀山城跡の本丸石垣■明智光秀によって築城されたといわれる。後に藤堂高虎によって改修され、現在の形になった　京都府亀岡市

豊臣（羽柴）秀頼画像■京都市・養源院蔵

実子はなかったものの、すでに養嗣子として実弟の秀包《ひでかね》を迎えており、それは秀吉からも承認され、秀包は天正十七年（一五八九）に侍従に任官して、公家成大名とされていたからである。

しかも、秀秋の養子入りは、当初は隆景の宗家にあたる毛利輝元にもちかけられたものであった。後の慶長十四年（一六〇九）のものになるが、毛利輝元の家臣佐世元嘉《させもとよし》の覚書《おぼえがき》（「宗孚書案」）に、「宗瑞《そうずい》（毛利輝元）に実子がなかったので、安国寺《あんこくじ》（恵瓊《えけい》）が段取りをして金吾様（秀秋）を養子に申し受けるとのことについて、国元に相談せずに太閤《たいこう》様（秀吉）に申請したということを隆景が知って、伊予守（秀元《ひでもと》）を毛利家の家督にしようと宗瑞に言って、その段取りをつけた」とみえている。

また、それよりもかなり時期が下るが、承応《じょうおう》二年（一六五三）のもので、そのときの毛利家の家老益田元堯《ますだもとたか》・国司就正《くにしなりまさ》覚書（『無尽集《むじんしゅう》』）では、天正十九年（一五九一）の春、秀秋が十歳のときに、毛利家への取次《とりつぎ》であった秀吉家臣の黒田孝高《くろだよしたか》が、隆景に対して、輝元に実子がないのをみて、養子として秀秋を迎えるよう働きかけたと

安国寺恵瓊木像■広島市・不動院蔵

黒田孝高（如水）画像■福岡市博物館蔵

ころ、隆景は輝元と談合して、それが秀吉の意志によるかどうかを確かめることにし、毛利家に出入りし、かつ秀吉の側近であった施薬院全宗《やくいんぜんそう》に依頼したところ、全宗からは、秀吉がそのような考えをもったことはなく、黒田の一存にすぎないことが判明した、という。

二つの史料の間には、秀秋の養子入りの件を持ちかけたのが、毛利家の重臣で秀吉側への取次であった安国寺恵瓊なのか、秀吉の家臣で毛利家への取次であった黒田孝高なのかという大きな違いがある。あるいは両者が相談して、今後の毛利家の行く末を考えて画策したものであったのかもしれない。しかしいずれにしても、秀吉の意志から出たものではなく、輝元には事前に相談なくすすめられたものであったことは間違いないようである。

そして、それを阻止したものとして出てくるのが、隆景であった。前者では、輝元の叔父穂田元清《ほいだもときよ》の子秀元を輝元の養嗣子とすることを提案している。実際に秀元は、翌文禄元年四月に秀吉が輝元の本拠安芸国広島城に立ち寄った際に、初めて秀吉への出仕をはたし、輝元の養嗣子として承認をうけ、同年八月には侍従に任官して公家成大名とされている。ただしその際、秀元は輝元に実子が生まれたならば、自身の進退を委ねる旨の起請文を出したというから、秀元の養嗣子化が、緊急避難的な措置であったこともうかがえる。

毛利秀元画像■狩野探幽筆　長府毛利家所蔵　下関市立長府博物館寄託

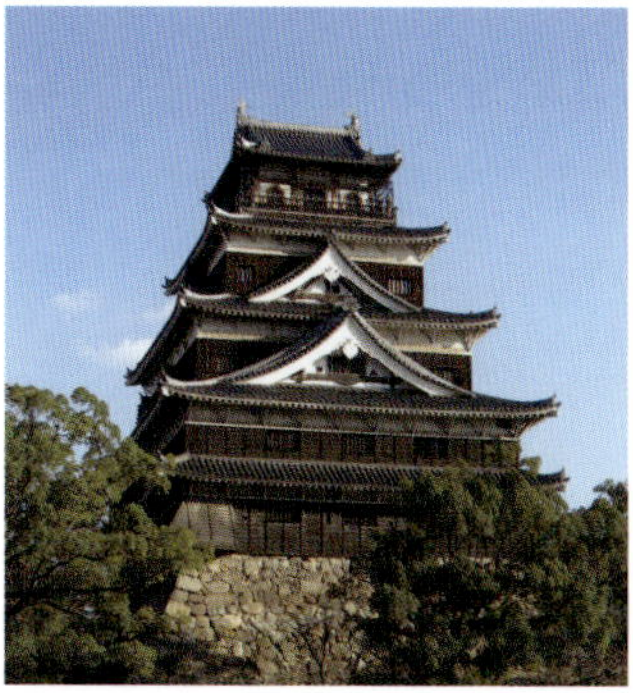

広島城跡■毛利輝元が築城し、後に福島正則によって改修された。天守閣は原爆投下によって破壊され、現在の天守は昭和三十三年に再建された　広島市

■小早川隆景の意図■

この隆景の行動に関してはその後、『*陰徳太平記《いんとくたいへいき》』などでは、毛利家の血統を守るために秀吉から大領国を与えられたものの、その恩恵に応えられていないことを理由にして、秀秋を自らの養子に迎えることを願い出て、秀吉は悦んでこれを許した、という話が付け加えられることになる。しかし、このこと自体を当時の史料からは確認できない。また、秀秋が隆景の養子になるのは、それから三、四年もたった後の文禄三年（一五九四）七月のことであり、その間、隆景は朝鮮に出陣しており、帰国したのは文禄二年閏九月のことであった。そうすると、帰国後に隆景からその話が出されたとすれば、時間的には整合するとみることはできる。

実際にも、この件は隆景から申し出たものであったろう。というのは、秀秋の養子化が決まると、清華衆であった秀秋を養子に迎えるにふさわしく、隆景自身の家格が清華衆に上昇しているからである。すなわち、文禄四年正月までに参議に昇進し、翌慶長元年（一五九六）二月に秀秋と同官の中納言に昇進、そして同年五月には清華衆に加えられている。このことをみると、隆景は本来、秀秋を養子に迎えることができるような家格にはなかったことがわかる。また、独立した領国大名であったとはいえ、毛利家の一門にすぎなかった隆景が、秀秋を養子にするというのも不釣り合いなこととといえる。

朝鮮出兵時の様子を描く「小早川隆景隊を後向にして明軍に対するの図」■『絵本太閤記』当社蔵

＊陰徳太平記■室町幕府第十代将軍義稙の時代から慶長の役までを、中国地方を中心に記した軍記物語。享保二年（一七一七）に出版された。

こうしたことからみても、秀秋の養子入りの件を秀吉から言い出したとは考えられず、隆景から申し出たものとしか考えられない。とすれば、やはり隆景は、輝元への養子の話を破綻させたことに責任を感じており、それを埋め合わせるために、自身の養子として秀秋を迎えることにしたとみられるだろう。

　このことは、秀吉にとっても好都合であったに違いない。というのは、秀吉には文禄二年八月に、嫡子となる秀頼が誕生していたからである。それまで秀吉は、唯一の養子として秀秋に隠居分を相続させる意向にあったが、秀頼の誕生によってそれはご破算になった。秀吉としても、秀秋をどのように処遇するか、課題になっていたと思われる。ちょうどそうしたときに、隆景は朝鮮から帰国してきたのであった。あるいは隆景は、そのような状況をみて、秀秋の養子化を申し出たのかもしれない。

小早川隆景画像■広島県三原市・米山寺蔵

　いずれにしても隆景は、それまでに秀包という養嗣子がありながらも、あえて秀秋を養子に迎えることにしたのである。なお、秀包はすでに筑後国久留米《くるめ》領三万五千石を領知する独立大名とされていたが、これをうけて別家として立てられることになった。

毛利秀包画像■山口県山口市・玄済寺蔵

久留米城跡の石垣■毛利秀包によって織豊系城郭として整備された。関ヶ原後に田中吉政が柳川城に入るとその支城となったが、田中氏の改易後は近世を通じて有馬氏の居城となった　福岡県久留米市

備後国三原への下向と秀次事件の余波

秀秋は当初、文禄三年(一五九四)八月に、隆景の毛利領国における本拠の備後国三原《みはら》城(広島県三原市)に下向することが予定されていたらしい(「湯浅文書」『新修福岡市史資料編近世1』一一六号)。

ところが九月二日になって、安国寺恵瓊・増田長盛《ましたながもり》・石田三成《いしだみつなり》・山口宗永の間で、十一月に延期することにしたと、隆景のもとに報されている。秀秋の下向に関しては、秀吉側では奉行衆の増田長盛・石田三成、毛利家側では安国寺恵瓊、そして秀秋の宿老山口宗永の協議によってすすめられていたことがわかる。

しかし、それでも隆景は、一応まだ九月中の下向もあるかもしれないとみていた(「譜録」同前一一七号)。また、秀秋はそこからさらに、筑前領国の本拠である名島《なじま》城(福岡県福岡市)にも下向することが予定されていたらしいが、これについては、十月一日には年内の同地への下向はなくなっている(「筑前古文書・神屋文書」同前一一八号)。

秀秋は、十一月十三日に三原城に下向した。これにあたって隆景は、この日から二十五日まで、連日にわたって祝宴を催しており、その様子は「金子(吾)様三原御下向の時御をち付の次第の事」として記録されている。また、そのなかで同十六日に、秀秋は毛利輝元の養女との祝言《しゅうげん》をあげた(『小早川家文書』一五六号)。ここ

三原城跡■小早川隆景が築城し、瀬戸内海を軍事的に押さえるための海城。満潮時には海に浮かんでいるように見えたことから、浮城の名でも知られる。近世には広島藩の支城として使用された　広島県三原市

『英名百雄伝』に描かれた毛利輝元■当社蔵

に秀秋は、小早川隆景の養嗣子となり、小早川家の宗家にあたる毛利輝元との間に婚姻関係を結んだのである。秀秋は、十二月二十日までは「丹波中納言」で呼ばれているが（『吉川家文書』七六六号）、一方で同日からは「筑前中納言」と呼ばれるようにもなっている（同前七六七号）。

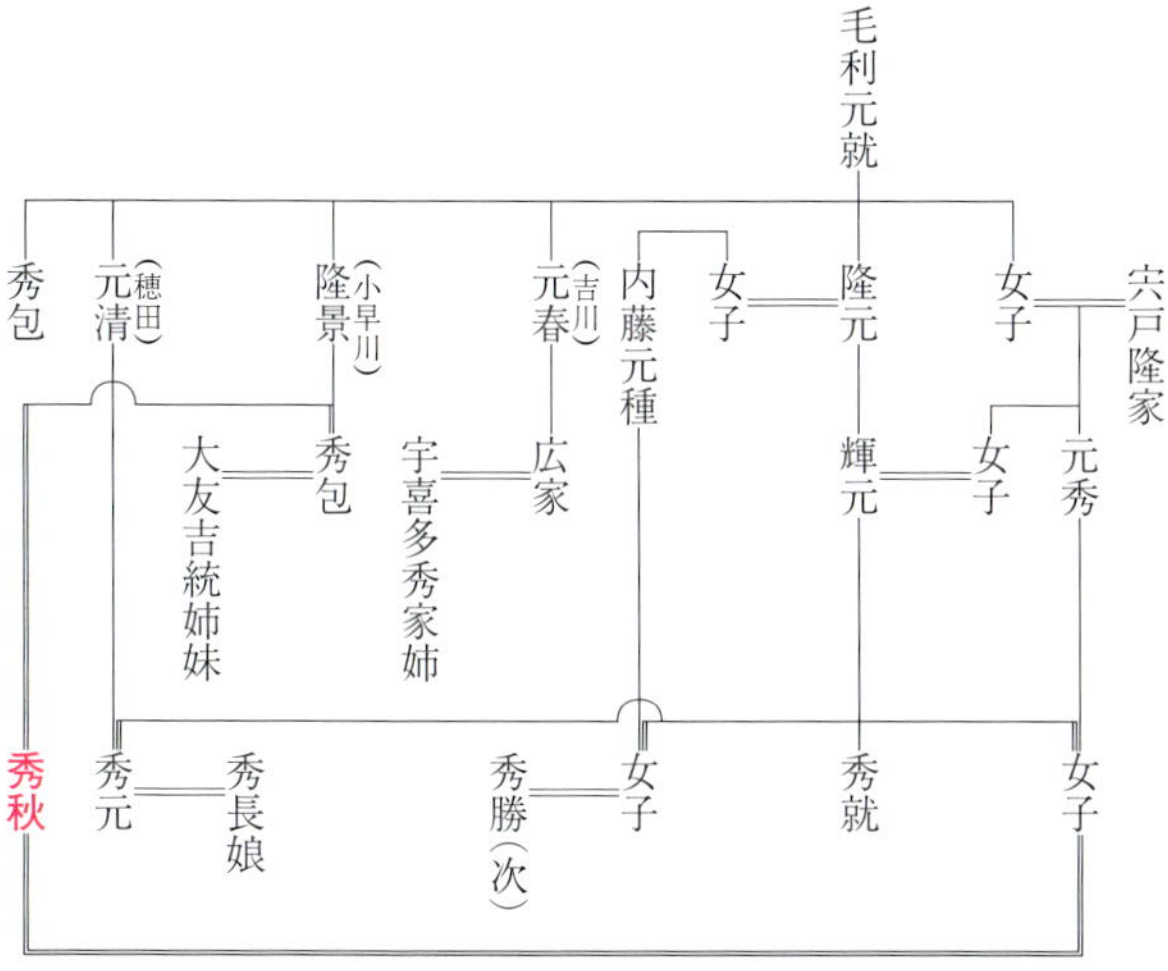

系図２　羽柴・毛利関係系図

翌文禄四年正月十五日になると、関白秀次の名護屋在陣が計画され、それにともなって朝鮮への渡海軍の再編が計画された。秀秋も出陣が予定され、毛利輝元を大将とする五番衆に編成された（『島津家文書』九五七号）。出陣が実現していればこれが初陣《ういじん》となったが、結果としてこのときの出陣はなかった。

その後、同年七月二十日付の織《お》田常真《だじょうしん》等三〇名連署起請文（「大阪城天守閣所蔵文書」秀秋 一三号）に署名している。この起請文は、その五日前に、羽柴家当主であった秀次が秀吉への謀叛によって切

「関白以下生害の図」■秀次事件において切腹する秀次等を描く。秀次の切腹をめぐっては、秀吉が命じて切腹させたという説と、秀吉には秀次を切腹させるつもりはなかったが、秀次が自ら切腹したという二つの説がある　『絵本太閤記』当社蔵

腹したことをうけて、有力大名が一同に秀吉・秀頼への忠誠を誓約したものであった。そして秀次の死去によって、すでにその弟の秀勝・秀保も嗣子なく死去していたため、秀秋は羽柴家一門衆として、唯一の存在になっている。

ところが、秀秋はまだ十四歳であったから、幼少の秀頼を支える立場になるにはまだ時間がかかることは明らかであった。そのため秀吉は、親類衆の徳川家康・前田利家・宇喜多秀家と、有力外様大名の毛利輝元・小早川隆景・上杉景勝による秀頼補佐体制を構築せざるをえない状況になったのである。しかしこのことが、結果として、羽柴政権そのものを崩壊にもたらしてしまうのであった。そのことを思うと、秀吉にとって何よりの誤算は、甥の秀勝・秀保らが、若くして死去してしまったことであったろう。秀秋がそれに代わりうるものとなるには、時間が足りなさすぎたとしかいいようがない。

ところで、秀次事件の処理として、旧秀次領国への諸大名の再配置がすすめられた。その一環として、八月四日に、丹波国亀山領は秀吉奉行衆の前田玄以《まえだげんい》・秀以《ひでもち》父子に与えられ、秀秋は小早川隆景に預けられることになり、十人扶持にされる、という噂が流れている（「古文書纂」『愛知県史資料編13』七一一号）。実際に亀山領は、同月十五日には前田玄以に与えられていることからすると（『兼見卿記』）、秀秋はあたかも改易されたかのようにみえるが、そこでも「噂だけなので、本当ではない」と述べられているように、事実ではなかった。

羽柴秀次の墓■京都市・瑞泉寺

『英名百雄伝』に描かれた前田玄以■織田信長、次いで羽柴秀吉の家臣として長く京都所司代をつとめた。羽柴政権下では五奉行の一人にも任じられている　当社蔵

実際には、秀秋はその翌月に隆景の領国を継承しているので、亀山領はそれにともなって返上されていたとみられる。そもそも、秀次切腹の直後の七月二十日の時点で、秀秋は「羽柴筑前中納言」を称しているように、亀山領を領知していなかったと考えられるのである。当然ながら、直後に小早川家の家督継承が予定されていたとみることができる。しかし秀次事件によって、それが遅れることになってしまったのではなかったろうか。したがって秀秋は、秀次事件によって処罰されたわけではなかったと考えられる。

■小早川家の家督継承と隆景の隠居■

秀秋は、いよいよ文禄四年（一五九五）九月になって、養父隆景に伴われて大坂を出立し、小早川家の領国筑前国に向かった。

八月二十三日の時点では、九月十三日に大坂を出立し、二十日頃に本拠となる名島城に下向する予定となっていた（「立花文書」『新修福岡市史資料編近世1』一二六号）。しかし、

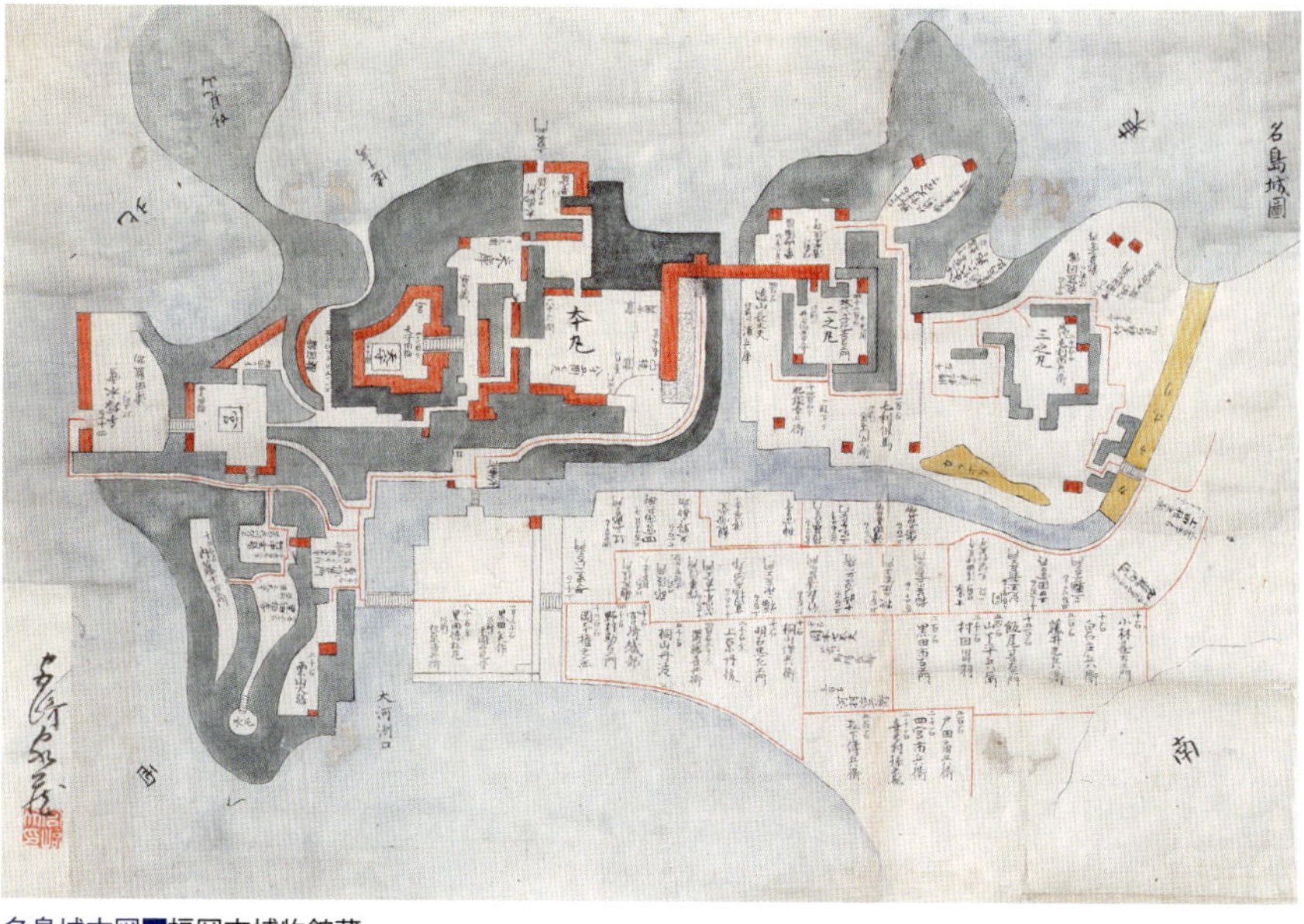

名島城古図■福岡市博物館蔵

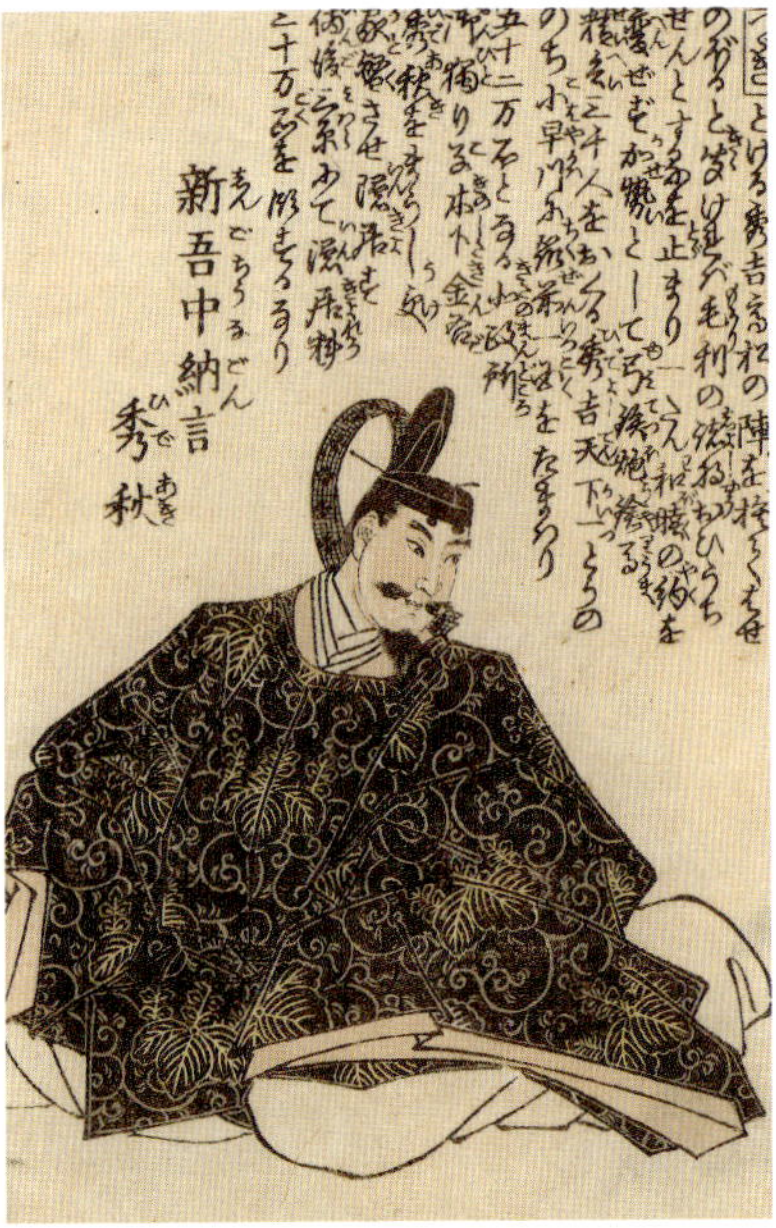

小早川秀秋■『英名百雄伝』　当社蔵

実際に下向したのは同月十六日・十七日頃のことであった（「旧記雑録後編」『鹿児島県史料旧記雑録後編二』五二八号）。予定が若干早まったのかもしれない。

　もっとも秀秋は、名島城には十日ほどだけ滞在する予定であったらしい（「島井家資料」『新修福岡市史資料編近世1』一二五号）。そして秀秋は、この下向によって小早川隆景から家督と領国を継承し、三三万六千石余を領知する大大名に、かつ国持大名となった。名島城への下向は、小早川家の家督と領国の継承を示すためのものであった。

　これにともなって、養父隆景は隠居することになり、小早川家時代からの譜代家臣だけを連れて、毛利領国での本拠の三原城に居住することになった。同年十二月一日付の秀吉からの朱印状にみられるように、筑前国三郡のうちで五万石余の隠居領を与えられることになる（「小早川文書」『新修福岡市史資料編近世1』一三七号）。そして、翌年に中納言に昇進したあとは、「備後中納言」「三原中納言」と称される

名島城跡■小早川氏の筑前支配の拠点であったが、関ヶ原後に入部した黒田氏が福岡城を築城すると廃城となった。資材の一部は福岡城の建造に使用されたという　福岡市東区

ようになっている。

　秀秋は、すぐに大坂に戻ったとみられる。この後も秀秋は、自身は基本的には大坂や伏見に居住し、名島城で領国支配を展開するわけではなかった。実際の領国支配は、以前からの宿老である山口宗永*と、隆景から引き継いだ家臣によっておこなわれていくことになる。そして山口宗永は、すぐに領国全域を対象に検地をおこなっている。ただ、検地そのものは、翌年三月頃までかかったことが知られている。

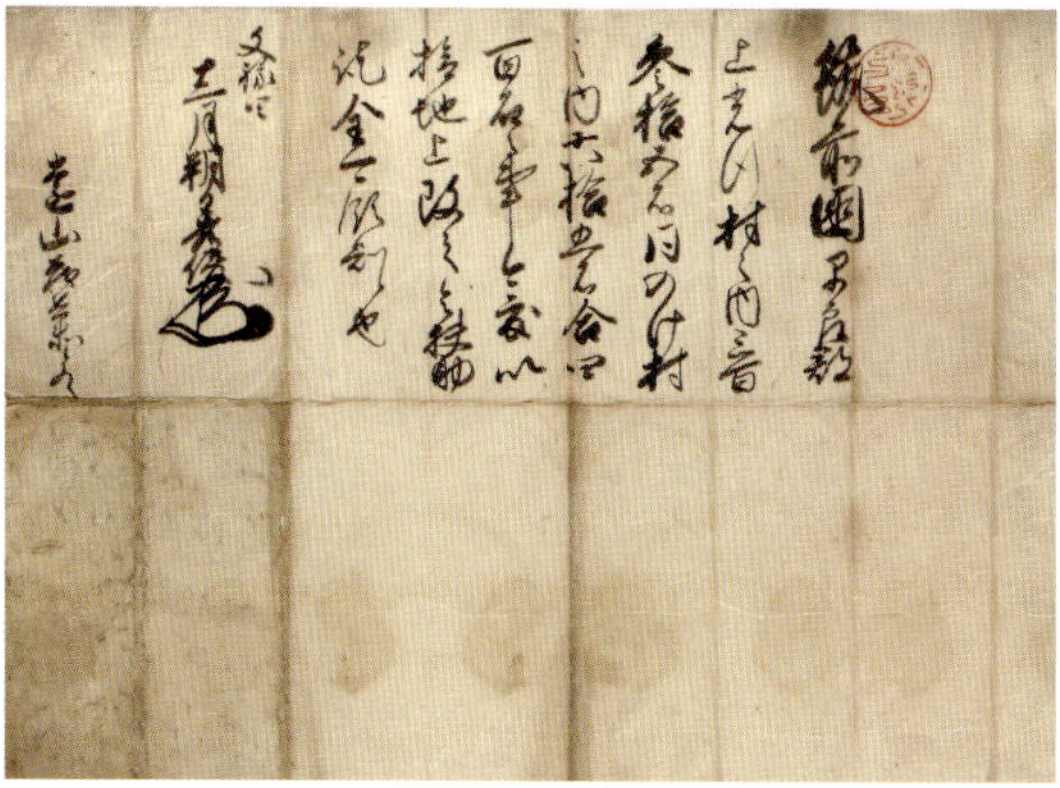
文禄四年十二月朔日付け小早川秀俊（秀秋）知行充行状■福岡市博物館蔵

　また、このときには、隆景は十一月末まで名島城に在城して、山口宗永や秀秋付きとなった家臣に、寺社領の充行について指示を与えている（「宗勝寺文書」同前一二二九〜一二三二号）。これは、検地しているなかでのことであったから、その結果をうけて、あらためて寺社の領知高について指示を出しているものといえる。言ってみれば、引き継ぎといったところであろう。隆景は、これを終えると名島城を離れ、三原に移っていくのである。
　そしてこの後、秀秋の筑前領国支配の

＊山口宗永■秀吉の家臣として、大友吉統の改易にともなう豊後国の検地で活躍したのち、秀秋を補佐するために送り込まれた。後述するように、後に秀秋とは袂を分かっている。子孫は松江藩に仕えたという。

名島門■名島城の脇門で、福岡城が築かれた際、家臣の林直利に与えられ、屋敷の門として使用された　福岡市中央区

ための発給文書がみられるようになっていく。その初見が、同年十二月一日付で、蔵入地《くらいりち》（直轄領）を家臣に代官として預けたもの、家臣に所領を充行ったものになる（「紀伊国古文書」秀秋一五号など）。ただしその日付は、後から遡らせたものであった。というのは、領国の検地は翌年三月頃まで続けられており、それら蔵入地や家臣の所領の確定は、それを経て初めておこないうるものであったからである。したがって、それらの文書はすべて後から、その日付に合わせて出されたものということになる。

■本格化する筑前・筑後の領国支配■

領国検地の終了をうけて、文禄四年（一五九六）十二月一日の日付で、秀秋が家臣に対して一斉に出した知行充行状・知行目録や蔵入地預け目録は、現在のところ二六通が確認されている。注目されるのは、そのすべてについて、秀吉の朱印が捺されていることである。ちなみに、写文書のなかには朱印がみられないものもあるが、原文書やほかの写文書にその旨の記載があることから、この日付で出されたものには、すべて秀吉の朱印が捺されていたと考えて間違いない。

秀秋が出した文書に、秀吉が朱印を捺しているということは、これらすべてが、秀秋が花押を据えた後に秀吉のもとに送られて、秀吉がその内容を了承したうえで

秀吉の朱印（前ページ掲載の文書写真の拡大）■秀吉の朱印は知行充行状や禁制、掟書など幅広く用いられ、対象も大名や寺社、村などにとどまらず、海外の高麗国までも朱印状が出されている。

＊1鵜飼元辰■毛利元就・隆元に仕え、その後、小早川隆景の被官となり、秀秋の補佐もおこなった。隆景の没後は輝元に仕えたが、のちに問題を起こし、三原で自害した。

出されたものであることを意味している。すなわち、それらの充行が、秀吉に承認されたものであることが明示されていることになる。ただし、秀秋の発給文書に秀吉の朱印が捺されたのは、このときだけのことであった。そうするとこれは、秀秋が本格的な領国支配を開始するにあたって、家臣たちへの所領確定について、それを秀吉が保障することで、隆景からの円滑な領国支配の移行を実現するためのものであったと考えられる。

それにともなってもう一つ注目されるのは、寺社領への充行状は、同じ日付で秀吉の朱印状もしくは山口宗永・鵜飼元辰[*1]の連署状によって出されていることである（「志賀海神社文書」「筥崎宮文書」『新修福岡市史資料編近世1』一三三・一三九号ほか）。その区分は明確ではないが、前者は有力な寺社であったため、秀吉自らが所領を確定し、後者についてはそこまでではないので、秀秋家臣の連署状で出されたものとみておきたい。いずれにしても、ここで秀吉が直接に寺社領への充行状を出していることも、秀秋の領国支配を背後から保障するためであったに違いない。

このときに出された家臣宛の知行充行状・知行目録や蔵入地預け目録について、家臣名と充行高を列記すると、表1のようになる。

これをみると、秀秋の蔵入地は、有力な家臣を代官に任じて預けるかたちをとっていたことがわかる。ちなみにこの方式は、後の岡山領国期まで変わることはなかった。また、家臣団は栗本喜左衛門尉・長崎元家《ながさきもといえ》[*2]のように亀山領国期以来のものや、

＊2長崎元家■滝川一益→織田信雄→羽柴秀吉に仕え、秀吉の命で秀秋に付けられた。秀秋の没後は徳川家康に仕えている。

筥崎宮楼門■延喜式内社で筑前国一宮。海上交通や海上防護の神として知られ、信仰を集めた。戦国時代に兵火にあった後、本殿および拝殿は大内義隆、楼門は小早川隆景によって再建された。楼門の「敵国降伏」の扁額は、亀山天皇が奉納したとされる　福岡市東区

村上景頼《むらかみかげより》・清水景治《しみずかげはる》のように、隆景から継承したものたちの混成であったことがわかる。さらに、隆景から継承した家臣たちには、村上・清水のように毛利・小早川家以来の家臣と、麻生《あそう》・星野《ほしの》のように、隆景が筑前・筑後領国を獲得したことにともなって隆景の家臣になったものとがあった。

いずれにしろ、ここに秀秋は、亀山領国期以来の旧来の家臣に加えて、隆景から多数の家臣を継承して、三三万石余の大大名にふさわしい、大規模な家臣団を形成することになったのである。

栗本喜左衛門尉	蔵入地五三六七石余（「紀伊国古文書」秀秋一五号）
麻生甚吉	知行地四六〇〇石（「麻生文書」秀秋一六号）
村上三郎兵衛尉（景頼）	知行地三一〇〇石・蔵入地二八五七石（「村上文書」秀秋一七・一八号）
清水五郎左衛門尉（景治）	知行地二六〇〇石（「清水文書」秀秋一九号）
村上助右衛門尉	知行地二六〇〇石・蔵入地二九七六石余（「藩中古文書」秀秋二〇・二一号）
星野九左衛門尉（実信）	知行地二一〇〇石（「星野文書」秀秋二二号）
草苅太郎左衛門尉（重継）	知行地二〇〇〇石（「草刈文書」秀秋二三号）
杉助右衛門尉（元式）	知行地一九〇〇石（「萩藩閥閲録」秀秋二四号）
問注所小兵衛尉	知行地一六〇〇石（「問註所文書」秀秋二五号）
中島治右衛門尉	知行地一四〇〇石・四五〇石（「記録御用所本古文書」「吉井良尚氏所蔵文書」秀秋二六・二七号）
深野平右衛門（景弘）	知行地一一〇〇石（「萩藩閥閲録」秀秋二八号）
長崎弥左衛門尉（元家）	知行地九〇〇石（「長崎文書」秀秋二九号）
小田村彦四郎	知行地六〇〇石（「小城藩士佐嘉差出古文書写」秀秋三〇号）
国司土佐守（元信）	知行地六〇〇石（「萩藩閥閲録」秀秋三一号）
堀田初左衛門尉	知行地六〇〇石・蔵入地三二〇〇石余（「保井芳太郎氏所蔵文書」秀秋三二・三三号）
林三郎右衛門尉（宗重）	知行地三五〇石（「萩藩閥閲録」秀秋三四号）
清水与右衛門尉	知行地三〇〇石（「長崎文書」秀秋三五号）
樋口越前守	知行地一五〇石（「筑後歴世古文書」秀秋三六号）
金子平三郎	知行地一〇〇石（「大倉氏採集文書」秀秋三七号）
神屋宗湛	知行地一〇〇石（「筑後歴世古文書」秀秋三八号）
小金丸式部丞	知行地一〇〇石（「児玉氏採集文書」秀秋三九号）
犬丸藤右衛門	知行地一〇〇石（「筑後歴世古文書」秀秋四〇号）

表１　文禄四年段階の家臣名と充行高

第二部　栄光、そして転落

初陣にして総大将を任されるも結果を残せなかった朝鮮出兵を経て、秀吉の死による中央政局の混乱の中で秀秋に求められたものとは。そして迎えた関ヶ原での決断。「叛逆」の真相はいかに？

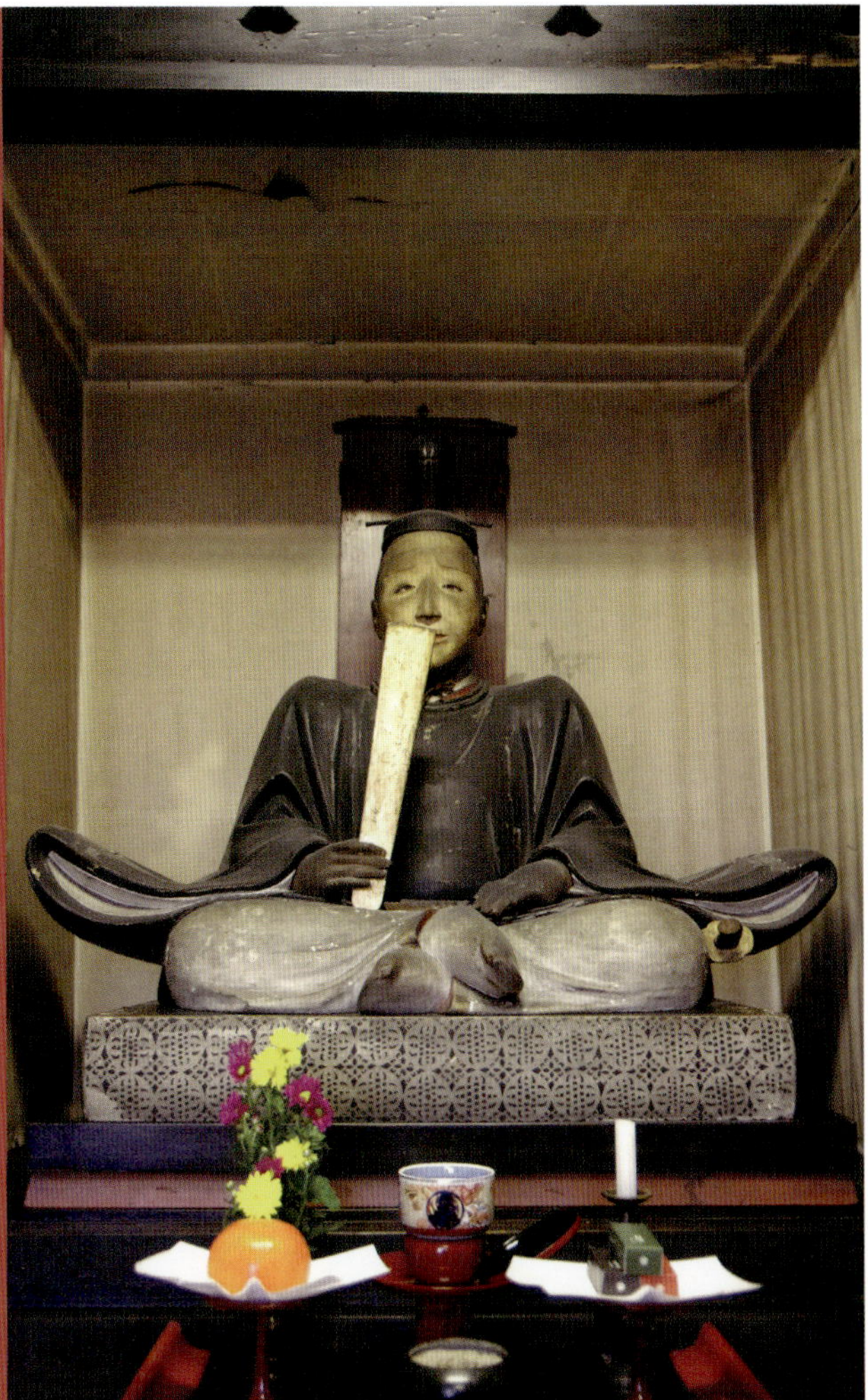

小早川秀秋坐像■京都市・瑞雲院蔵

第一章　運命を左右した朝鮮出兵の失態

■最初で最後の総大将■

文禄五年（慶長元年・一五九六）九月、秀吉は朝鮮への再派兵を決定した。秀秋も出陣することになったため、それにともなって領国に下向したとみられる。しかし、十月中旬には疱瘡《ほうそう》を煩ったため、十七日に山口宗永が太宰府《だざいふ》に平癒の祈祷《きとう》を依頼している（「大鳥居文書」『新修福岡市史資料編近世1』一七七号）。十一月四日までに、毛利輝元が見舞いのために名島城に下向してきたが（『毛利家文書』九七九号）、その頃には、秀秋の病気は快復してきたようである（「村上文書」『新修福岡市史資料編近世1』一七九号）。

翌慶長二年二月二十一日、秀吉は朝鮮渡海軍の陣容を決定した。そこでは、秀秋は全軍の総大将とされ、軍勢一万人を動員して、釜山浦《ぷさんほ》城に在城するものとされた（「木下文書」秀秋四二号・『新修福岡市史資料編近世1』一九〇号）。ところがその直後に、秀秋と山口宗永の間に不仲が生じたため、宗永は伏見に出頭させられ、秀吉に弁明する事態となった。これをうけて秀秋も召喚されることになり、毛利輝元にその旨

太宰府天満宮■北野天満宮とともに、菅原道真を祭神とする天満宮の総本社。秀秋の病気平癒の祈祷を依頼されているように、中世においても多くの人の信仰を集めた　福岡県太宰府市

を伝達するよう連絡され、秀秋はすぐに上洛することとなった。これが三月一日のことであった（「萩藩閥閲録」『新修福岡市史資料編近世1』一九一号）。

　その後、秀秋は上洛し、秀吉に弁明したとみられる。不仲の内容は不明だが、その後も宗永は、伏見にありながらも領国支配をすすめており、秀秋も渡海に備えて四月一日に、家臣に知行や同心分知行の充行をおこなっている（「壱岐文書」秀秋四三号など）。ちなみにこのときの文書が、「秀俊」の名を用いている最後のものになる。それから七月二十三日までの間に、実名を「秀秋」に改名しており、こうして、「小早川秀秋」の名が誕生することになる。

　その間、秀秋は渡海のため、五月二十二日に大坂を発って、いったん領国に下向した。ところが六月十二日に、三原に滞在していた養父隆景が急死してしまい、隆景の家臣は、秀秋に附属することとされた（『毛利家文書』九四六号）。そして秀秋は、同月

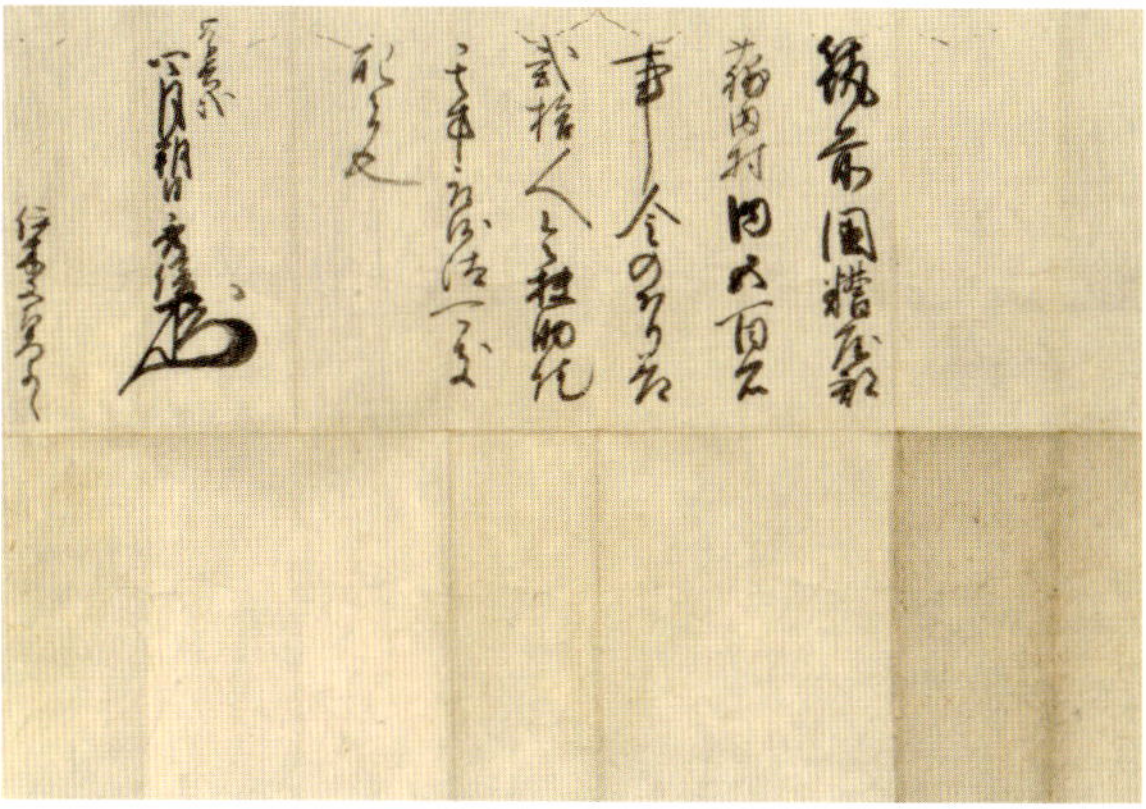

慶長二年四月朔日付け小早川秀俊（秀秋）知行充行状■秀秋が「秀俊」の名で最後に見える文書である　「壱岐家文書」　個人蔵　写真提供：和歌山県立博物館

（右）沼田小早川氏の菩提寺・米山寺■広島県三原市　（左）米山寺所在の小早川隆景の墓■このほか、福岡市の聖福寺にも墓がある

二十九日に名護屋から朝鮮に向けて出陣し、七月十七日に釜山に着陣している。そうすると、実名の改名は養父隆景の死去、もしくは朝鮮への出陣を契機にしたものであったと思われる。この出陣は、秀秋にとってももちろん、初陣であった。

名護屋を出陣した翌日の七月一日付で、秀吉から軍陣における注意を与えられている（「木下文書」秀秋四七号）。

何事についても山口玄蕃頭（宗永）・*福原右馬亮（直高）らの意見をうけて、心を改めて、落ち着いた心を持って、よく考えなさい。以前から言っているように、決して憎んでいるわけではなく、今後の（秀秋の）ためを思って、親切心で言っているので、今後は心の底から心懸けるのが大事だ。それぞれ諸兵を派遣しているので、（彼らと）相談して、落ち度のないように念を入れて、戦争について学びなさい。今回、みなが口を揃えてあなたが落ち着いていたと言ってきたならば、確かめよう。帰国したときに対面するつもりだ。

秀秋はまだ若干十六歳にすぎなかったなか、初陣にして全軍の総大将を任された。そのため秀吉は、秀秋に部下の意見をよく聞いて、大将らしく振る舞うよう注意しているのである。その際、決して憎いからではなく、将来のことを思ってのことだ、と念押ししているあたり、羽柴家一門衆にふさわしい成長を願う気持ちが滲みでている。しかし同時に、このようなことをあらためて言わなければならないあたり、先に山口宗永と不仲になったような、大名家当主としての秀秋の未熟さもうかがえる。

羽柴秀保陣跡■朝鮮出兵に際して名護屋城近くに築かれた秀次の弟秀保の陣跡。秀秋の陣がどこに置かれたかはわかっていない　佐賀県唐津市

*福原直高■長堯とも。羽柴秀吉の家臣で、慶長の役では軍監として朝鮮に渡っている。このときの対応により、武断派と文治派の対立を決定的にし、関ケ原合戦の要因の一つにもなった。石田三成の妹婿でもある。

■蔚山城で明国の大軍を撃退■

朝鮮に上陸したとはいえ、秀秋とその軍勢は、釜山浦城に在城したままであった。八月十六日に山口宗永は、秀吉とその奉行衆増田長盛・長束正家《なつかまさいえ》から、不慮の事態になった場合には秀秋の軍勢は役には立たないので、その心づもりが大事だ、と述べられている（「萱文書」「筑紫文書」『新修福岡市史資料編近世1』二〇四〜五号）。

ここからすると、秀吉が秀秋を総大将として出陣させたのは、羽柴家一門衆としての体裁をとるためだけのことで、実際にその軍事行動については、全く期待していなかったことがわかる。なにしろわずか十六歳にすぎず、しかも初陣での総大将であったから、それもそのはずであろう。

九月二十九日には、日本軍は全羅道《チョラルド》（「赤

図1　慶長の役における秀秋関係図

国」）に進軍し、十日ほどの行程にある地に着陣していて、同月十日頃からは同地で城普請をおこなっていた。この状況をもとに秀秋は、十一月頃には全羅道を制圧できるだろうという見通しを示し、それが成ったら秀吉に報告して、帰国する意向であったらしい（「永藤一氏所蔵文書」秀秋五〇号）。

秀吉は、朝鮮南西部の全羅道・忠清道《チュンチョンド》の確保を果たしたら、守備を固めて多くの軍勢を帰国させることにしていたらしく、秀秋にも十一月中には帰国命令が出されていた。十二月四日付で、秀秋は秀吉から帰国を催促されている（「田住孝氏所蔵文書」秀秋五四号）。その頃、秀秋の軍勢は山口宗永に率いられて、半島南西部の慶尚道《キョンサンド》南部の梁山《ヤンサン》城の普請にあたっていた（『黒田家文書』一〇八号）。秀秋が帰国できなかったのはそのためであろう。

ところが十二月二十二日から、慶尚道最前線の*蔚山《ウルサン》城に明国《みんこく》の大軍が攻撃をかけてきた。この報をうけた秀秋は（「浅野文書」秀秋五五号）、山口宗永らに救援を指令したとみられ、山口宗永を含めた毛利秀元らの軍勢が後詰めをおこなった。その結果、明けて慶長三年正月四日に明軍が総攻撃をかけるも撃退され、退路を断たれることを嫌って退却していくことになる。その日の戦況が秀吉にもたらされたのは十七日のことで、その日、秀吉は秀秋に、山口らが後詰めをおこなったことをふまえて、蔚山城などの防備体制をしっかりとしたうえで、帰国するよう命じている（「大阪城天守閣所蔵文書」秀秋五六号）。

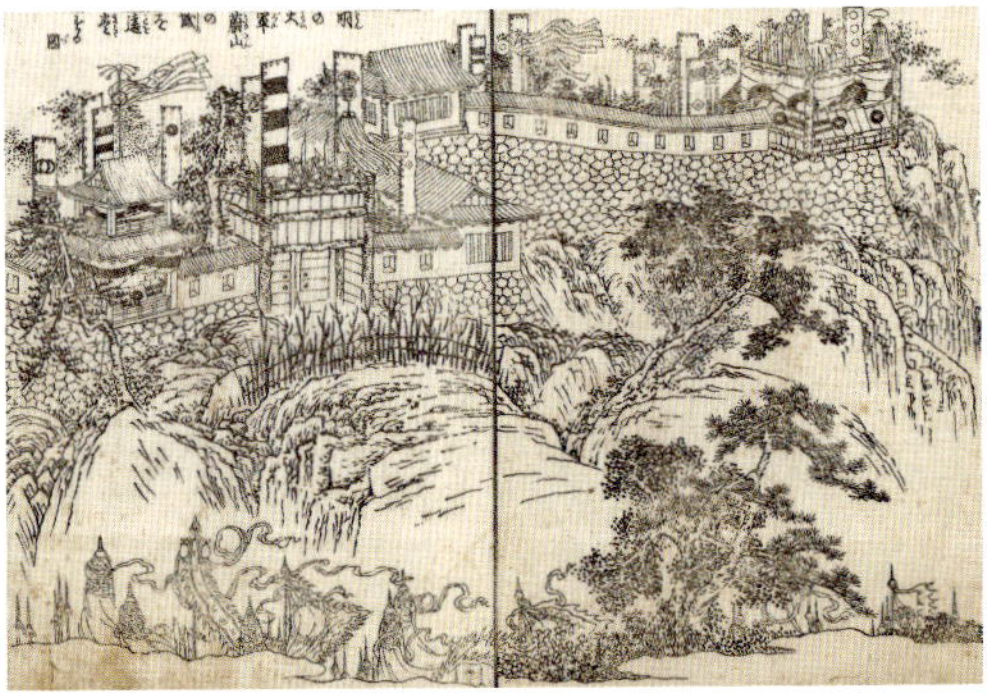

「明の大軍蔚山の城を遠巻きする図」■慶長二年十二月から翌年一月にかけての日本軍と明軍との戦いの様子を描く『絵本太閤記』当社蔵

*蔚山城■慶長の役に際して日本軍が築いた倭城。山城で、周囲に惣構が設けられた。日本軍の拠点の一つであったが、現在は公園として整備され、石垣が残っている。

秀秋はおそらく、この連絡をうけて帰国したとみられる。しかし、家臣たちは山口宗永に率いられて四月下旬までの在陣が確認されるから（「清水文書」『新修福岡市史資料編近世1』一二二六〜七号）、秀秋の帰国は、わずかな家臣を連れてのものであったらしい。実際の帰国時期は明らかではないが、四月一日付で家臣長崎伝三郎に知行充行状を出しているので（「東作誌」秀秋五七号）、それまでに帰国したことがわかる。家臣への知行充行は、在陣中の陣労に報いるためのものであったかもしれない。

■越前国北庄領への転封の謎■

ところが秀秋は、帰国後の同三年四月二日に、越前国北庄領の堀秀治《ほりひではる》が越後国に転封した後をうけて、同領に減知転封されることになった。この秀秋の転封については、慶長の陣における失態によるものと理解されることが多い。総大将を務めたものの、成果を挙げられなかったから、それが失態ととらえられた、ということであろうか。

そして筑前・筑後領国には、秀吉の有力奉行衆の石田三成が入部することが予定された。実際には、それらは石田三成の領国とはされず、代官支配をおこなうのであるが、政権の直轄になったことには変わりはない。そのため秀秋の転封についても、石田らの画策とする見方もされている。

北庄領の拠点・北庄城跡■朝倉氏の滅亡後に越前に入部した柴田勝家が築いた城で、勝家の滅亡後は丹羽長秀、堀秀政、同秀治と秀吉の重臣が入城し、北陸支配の拠点となった。同地に所在する柴田神社の地下から石垣の遺構が見つかり、公開されている。福井県福井市

秀秋が北庄領に転封となり、代わって石田三成が筑前・筑後領国を与えられる、とされたことが知られるのは、五月二十二日が最初である（「宇津木文書」『新修福岡市史資料編近世1』二二八号）。したがって、それまでに秀秋の転封が決定されたことがわかる。領知高は一二万石ともいわれているが、確定できていない。しかし、いずれにしても大幅な減封であったことは間違いない。

ちなみに、それにともなって宿老の山口宗永は、加賀《かが》国＊大聖寺《だいしょうじ》領（石川県加賀市）を独自に与えられている。大幅に減封された秀秋の領国から、知行を与えることが難しかったためと考えられる。

このことから、秀秋の転封は何らかの処罰的な措置であったとみなされているのであろう。ただ、そのことを示す史料は存在していない。むしろ、慶長の陣の戦況悪化が大きな理由であったのではないかと思われる。筑前・筑後領国は、朝鮮派兵における兵屯《へいとん》基地の役割を担ったが、秀秋の軍勢は、大軍であったにもかかわらず、実質的には戦力外と位置付けられていた。日本軍が朝鮮半島沿岸部まで追い詰められていたなか、強力な後方支援が必要になったために奉行衆に管轄させる必要が生じ、そのためのものであったように思われる。

転封先の北庄領は、北国の要に位置する枢要の地であり、これまでにも丹羽《にわ》長《なが》秀《ひで》・堀秀政《ひでまさ》という有力者が領国としていたところであったから、必ずしも左遷というわけでもなく、秀秋の政治的地位にふさわしい地であったといえる。ただし、領

（右）堀秀政の墓（左）堀秀治の墓■ともに新潟県上越市・林泉寺に所在。秀政は秀吉の重臣として活躍し、紀州攻めや四国攻めでの功により天正十三年に北庄城を与えられた

＊大聖寺領■大聖寺城を中心とする領域。大聖寺城は鎌倉時代に築かれたとされ、戦国期には加賀一向一揆の拠点の一つになっている。宗永の前は溝口秀勝が領知していた。

知高の大幅な減少から、左遷的性格もあったことは否定できない。しかし、後に朝鮮からの撤兵が決定された際に、秀吉は秀秋に筑前・筑後領国への再封を命じていることからすると、この北庄領への転封は、やはり朝鮮での戦況にともなう緊急措置であったといえるのではなかろうか。

転封の決定は、五月二十二日までに出されていたものの、六月二十日の時点で、まだ前大名の堀秀治の留守居が残っているから（「生駒文書」『福井県史資料編2』六九八頁）、実際の領国の引き渡しはその後のことであった。

同年八月五日付で、領国支配のための発給文書がみられるようになっているので（「松野文書」秀秋五八号など）、その間に引き渡しがおこなわれ、秀秋による領国支配が開始されている。そして秀秋は、北庄城を本拠としたため、以後は「羽柴北庄中納言」を称した。

北庄領国支配のために出した秀秋の発給文書は、期間の短さもあってか、わずか一〇通が知られるだけである。そのうち、家臣に宛てた知行充行状などは八通であった。家臣名と充行高を列記すると、表2（次ページ）のようになる。

これをみると、旧毛利・小早川家出身の家臣は国司元信《もとのぶ》のみであり、実際にも旧毛利・小早川家出身の家臣のほとんどは、この北庄転封を機に秀秋から離れて、別人の家臣になっている。その結果、秀秋の有力家臣となったのは、松野《まつの》重元《しげもと》・長崎元家のように、丹波国亀山領時代からの家臣であった。

（右）丹羽長秀肖像■東京大学史料編纂所蔵模本　（左）丹羽長秀の墓■福井県福井市・総光寺

松野主馬正（重元）	知行地一五八三石余（「松野文書」秀秋五八号）
菅仁三郎	知行地一三二六石（「大阪城天守閣所蔵文書」秀秋五九号）
佐々孫十郎	知行地一〇六二石余（「綿向神社文書」秀秋六〇号）
長崎伊豆（元家）	知行地九五三石（「長崎文書」秀秋六一号）
国司土佐守（元信）	知行地六〇〇石（「萩藩閥閲録」秀秋六二号）
竜野孫兵衛尉	知行地五〇〇石（「黄薇古簡集」秀秋六三号）
原田四郎左衛門尉	知行地四〇〇石（「土佐国蠹簡集残編」秀秋六四号）
青山修理（宗勝）	蔵入地一万九六石余（「名古屋市博物館所蔵文書」秀秋六五号）

表2　北庄領国段階の家臣名と充行高

また、蔵入地については、秀吉の直臣で越前国丸岡《まるおか》領（福井県坂井市）を独自に領していた青山宗勝《あおやまむねかつ》*1に代官として預けている。

青山と秀秋の関係については明確ではないが、たとえば越前国金津《かなづ》領（福井県あわら市）を与えられた溝口長《みぞぐちなが》氏《うじ》が秀秋の与力《よりき》にされているように、秀秋には越前国の領主の何人かが与力として付されていたから（「大阪城天守閣所蔵文書」『福井県史資料編2』四九七頁）、同じように秀秋に与力として付されていたのかもしれない。そうであれば、秀秋はそうした与力にも蔵入地の管理を委ねていたのかもしれない。

■秀吉の遺言により筑前・筑後領国へ再封される■

北庄領国の支配を開始した直後の慶長三年（一五九八）八月十八日に、秀吉が死去した。

それに先立つ七月十五日、伏見の前田利家邸で秀吉遺物の形見分《かたみわ》けがおこなわれた。そこで秀秋は、捨子《すてご》の

丸岡領の拠点・丸岡城跡■柴田勝家の甥勝豊によって築城された。織豊期に築かれた天守は国の重要文化財に指定されており、現存天守のうちで、最も古い様態と推定されている。江戸時代には丸岡藩の藩庁であった　福井県坂井市

*1青山宗勝■丹羽長秀の家臣で、長秀の娘を娶った。長秀の没後は秀吉に仕え、豊臣姓を賜っている。関ケ原では大坂方に付いたため改易されたが、子孫は丹羽家に仕え存続した。

茶器と金子《きんす》一〇〇枚、吉光《よしみつ》の脇差《わきざし》を配分されている（『太閤記』六四二頁）。金子を一〇〇枚以上配分されているのは、徳川家康・前田利家に三〇〇枚配分されているほかはなく、秀秋は三番目の扱いになっている。それは秀秋が、唯一の羽柴家一門衆であるとともに、官職も家康（内大臣）・利家（大納言）に次ぐ中納言であり、かつ同官任官者のなかで、もっとも早く任官していたことによろう。

十月になると、＊2後陽成《ごようぜい》天皇が譲位《じょうい》を希望して政権に申し入れたが、そのときに勅使《ちょくし》が派遣されたのは、徳川家康・毛利輝元・前田利家・小早川秀秋・上杉景勝の五人であった（「兼孝公別記」十月二十六日条）。

羽柴秀吉画像■矢野橋村画　『太閤繪巻』

秀秋が打診の対象になっていたのである。ほかの人々は、いわゆる「五大老《ごたいろう》」の有力者であり、抜けているのは宇喜多秀家だけであった。これは当時の人々が、秀秋を、政権を代表するものの一人として認識していたことを示していよう。

さらに、秀吉は遺言として、秀秋の筑前・筑後領国への再封を指示していたらしい。秀吉の死去は年末になって公表され、翌年

＊2後陽成天皇■正親町天皇の子。このときの譲位は叶わず、慶長十六年（一六一一）に政仁親王（後水尾天皇）に譲位した。元和三年（一六一七）に崩御。

羽柴秀吉の墓■慶長三年八月十八日に死去した秀吉の遺骸はしばらく伏見城内にとめおかれ、翌年四月十三日に阿弥陀ヶ峰に葬られた。後に豊国大明神の神号を与えられ、豊国神社に祀られた　京都市・豊国神社

正月には嫡子秀頼が羽柴家当主になった。それらをうけて二月五日、「五大老」徳川家康らの連署状によって、秀秋は筑前・筑後をあらためて領国として充行われている（「毛利文書」秀秋七〇号）。

ただし、領国への再封は、実際にはそれ以前におこなわれていたとみられ、正月十五日には、筑前国内の各郡を対象にして、当面の対策を列挙した定書を発給している（「朱雀文書」秀秋六八号など）。これによって同年正月には、筑前・筑後領国に転封されていたことがわかる。そのため、以後は再び「羽柴筑前中納言」を称した。

そして秀秋は、三月三日付で家臣に知行充行状や蔵入地目録を発給しており（「松野文書」秀秋七一号ほか）、現在のところ一九通が確認される。また、六月二十七日と七月七日付で、寺社に所領の寄進状を出している（「大鳥居文書」秀秋九四号ほか）。これについては四通が確認される。秀秋の領国支配はこのようにして再開されたのである。

ちなみに、この年の正月から九月にかけて、政権では激しい権力闘争が展開され、奉行衆石田三成の失脚などがあり、結果として、「大老」筆頭の徳川家康の覇権が成立し、「天下人《てんかびと》」になっていた。しかし、それらの動向のなかで秀秋の動きはみられない。政治的地位は高かったものの、若干十八歳にすぎなかったから、独自に政治行動をとれるような存在ではなかったことがうかがわれる。

また、筑前・筑後への再封にあたって、それまで宿老として活躍していた山口宗

茶々（淀殿）■浅井長政と織田信長の妹・市の娘で、天正十六年ごろに秀吉の側室となったとされる。秀吉の寵愛をうけ、継子秀頼を生んだため、秀吉の没後は絶大な権力を握った　菊池契月画『太閤繪巻』

永が、秀秋のもとを離れ、羽柴政権の直臣に戻っている。山口は、前年の暮れ頃までは秀秋の宿老であったことがうかがえるから（『西笑和尚文案』一三一号）、まさにこの再封を機にして、秀秋から離れたことがわかる。そもそも両者は不仲であったらしいから、山口にとっては、秀吉が死去したら秀秋に付き続ける必要はなかったのであろう。

徳川家康像■個人蔵

代わって、松野重元（主馬正）・国府《こくふ》忠重《ただしげ》（弥右衛門）・杉原重政《すぎはらしげまさ》（下野守）・堀田元政《ほったもとまさ》（勝兵衛尉）・伊藤重家《いとうしげいえ》（雅楽頭）といった人々が、蔵入地の代官を務めたり、寺社領高の決定、蔵入地の物成《ものなり》*1高の決定など、領国支配の実務を担うようになっている（『新修福岡市史資料編近世1』二七八〜二八一・二八五号など）。そして、いまだ史料には出てきていないものの、秀吉の直臣であった稲葉正成《いなばまさなり》（佐渡守）・平岡頼勝《ひらおかよりかつ》（石見守）が、秀秋の宿老として台頭してきたと考えられる。

閏八月になると、秀秋は名島城に下り、

＊1物成■年貢の収入高。

（次ページ）＊2馬廻組■合戦において大将の周囲を守る騎馬の武士。平時においても主君の警護をつとめた。

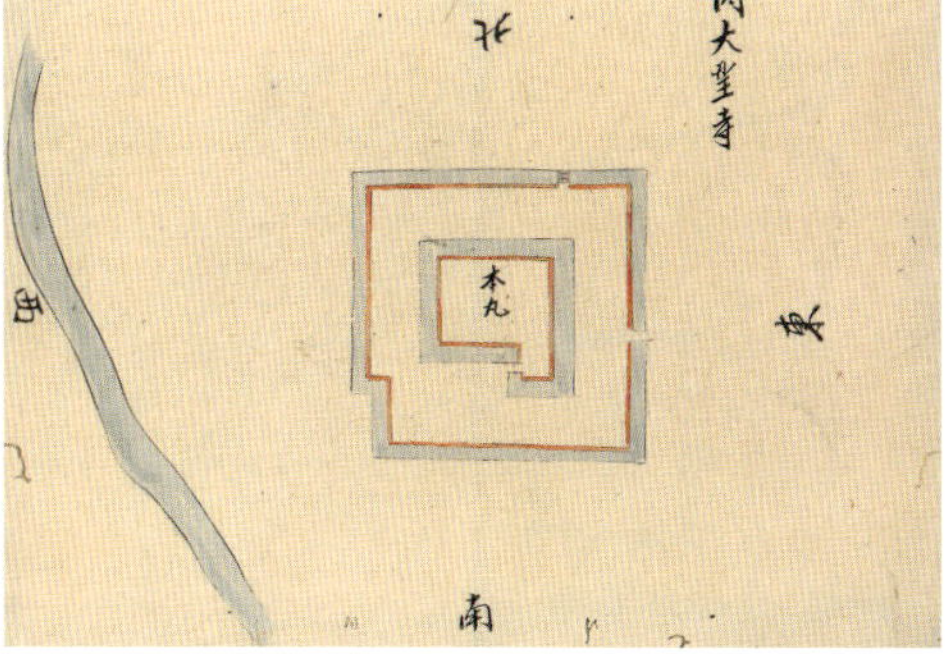

「近世城図」に描かれた大聖寺城■秀秋の家臣山口宗永の居城。秀秋と袂を分かった後も宗永は大聖寺に残ったが、関ヶ原合戦時には西軍に付いたため、前田利長に攻められ落城した。江戸時代には陣屋が設けられている　当社蔵

二十六日に到着している（「滝川文書」秀秋九八号など）。その後、寺社への所領寄進、[*2]馬廻組《うままわりぐみ》の編成、家臣への知行の加増や蔵入地預け、などをおこなっている。

秀秋がいつまで在国していたのかは明確ではないが、翌慶長五年四月九日には、秀秋は伏見に戻っていることが確認されるから（「大阪城天守閣所蔵文書」秀秋一〇四号）、四月上旬には名島城から伏見に戻っていたとみられる。

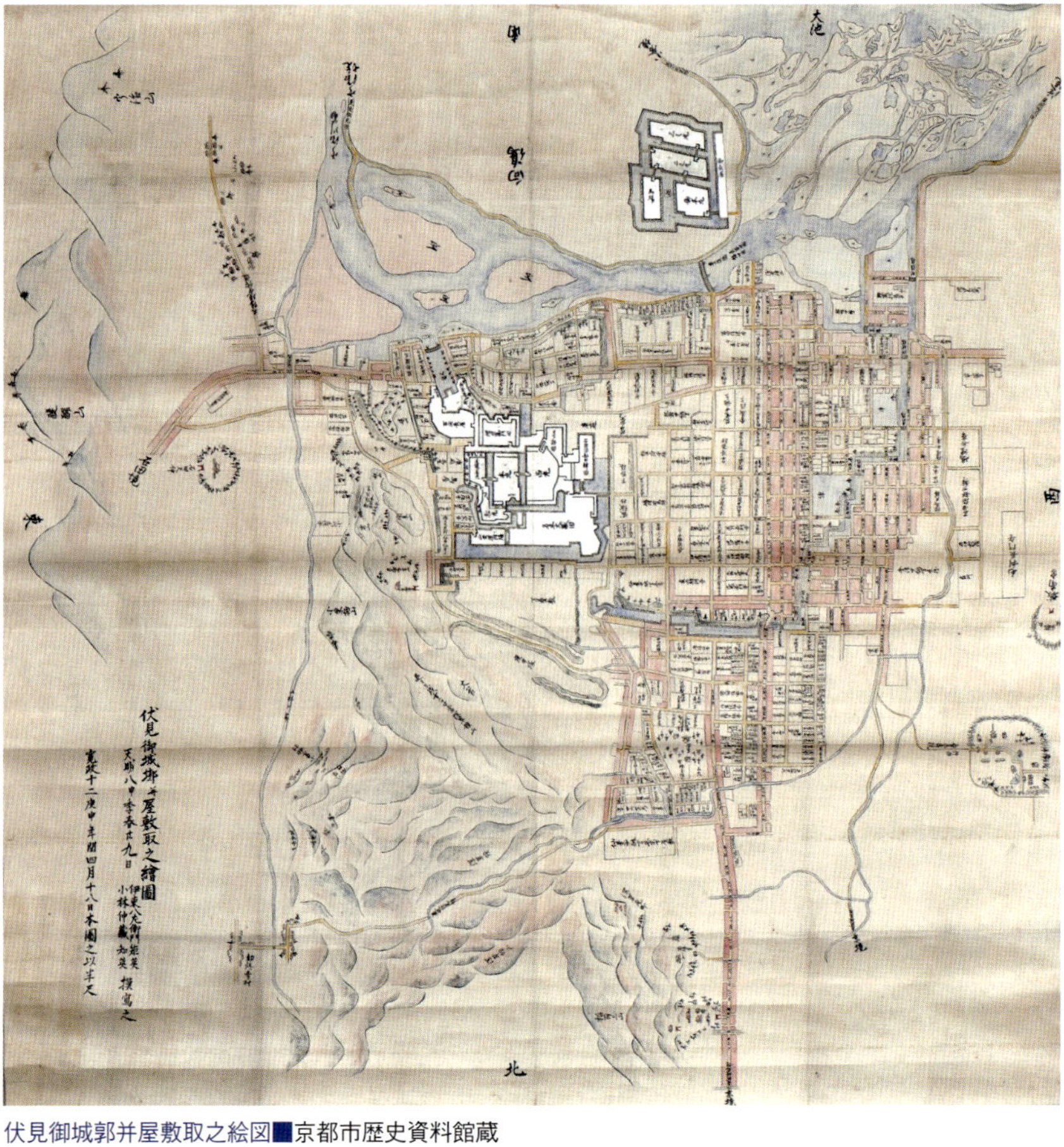

伏見御城郭并屋敷取之絵図■京都市歴史資料館蔵

大坂方に味方する

秀秋が領国に在国している間に、中央では「天下人」徳川家康の権力確立が進展していた。

すでに、下向以前の慶長四年（一五九九）七月に「大老」宇喜多秀家・毛利輝元が、同八月に「大老」上杉景勝・前田利長《としなが》（利家の子）が、相次いで領国に下向しており、中央に残った「大老」は家康のみという状況になっていた。秀秋が領国に下向したのは、その翌月のことであった。そして九月に、家康は伏見から大坂に移って、やがて大坂城に入城し、羽柴家当主秀頼との政治的一体化を遂げるのである。さらに、浅野長政《ながまさ》を奉行衆から失脚させ、「大老」前田利長を屈服させた。

慶長五年二月になると、「大老」上杉景勝の謀叛をめぐる政治問題が展開した。結局、家康は景勝謀叛と認定し、会津《あいづ》征伐を決定して、六月初めに諸大名に対して動員令を出した。秀秋は直後の六月十四日に、羽柴家家臣伊藤左馬頭に、筑前からの上洛にともない進物を贈っていることからすると（「舒文堂河島書店所蔵文

羽柴政権の居城・大坂城跡■現在の天守は戦後の復元である　大阪市中央区

書」秀秋一〇五号)、四月上旬の在京の後、いったん領国に下向して、六月中旬に再び上京してきたことがうかがえる。この領国への下向と上京は、会津征伐にともなって軍勢を率いるためのものであったと考えられる。

家康は、六月十六日に会津征伐のために大坂を出陣して、東下した。これに対して、領国の近江国佐和山《さわやま》城に隠遁《いんとん》していた元奉行衆の石田三成は、上杉景勝に、東西呼応して挙兵し、家康の討伐をはたらきかけた。その後、七月十一日に、羽柴家有力奉行の大谷吉継《おおたによしつぐ》を誘い、佐和山城において挙兵し、翌十二日には、大坂の前田玄以・増田長盛・長束正家の三奉行衆を味方に引き入れ、さらに「大老」毛利輝元・宇喜多秀家をも味方にして上京させるとともに、輝元を総大将に担ぎ上げた。そうして十七日、大坂に残っていた輝元の養子秀元が、大坂城西の丸の家康留守居衆を追放し、代わって西の丸に入るとともに、二大老・三奉行によって、秀頼への忠節と家康討伐を諸大名にはたらきかけるのである。

こうして羽柴政権は、「天下人」徳川家康を総帥とする江戸方(いわゆる東軍)と、石田・大谷が主導し、二大老・三奉行を中心とした大坂方(いわゆる西軍)とに、完全に分裂することになった。

秀秋は、家康の東下の直前に上京してきていたが、軍勢が上京してきたのは、それよりも後だったと思われる。軍勢の数は八千人であった(「真田文書」『愛知県史資料編13』九二八号)。それより多いのは、毛利輝元の四万一五〇〇人、宇喜多秀家

(右)上杉景勝画像■米沢市上杉博物館蔵 (左)徳川軍の来攻に備えて上杉氏が整備した神指城跡■福島県会津若松市 写真提供:会津若松市教育委員会

の一万八千人、龍造寺高房《りゅうぞうじたかふさ》（鍋島直茂《なべしまなおしげ》）の九八〇〇人にすぎなかったから、いかに秀秋の軍勢規模が大きかったかがわかる。おそらく、それらの軍勢が上京してきた頃には、大坂は石田・大谷方によって制圧されていたと思われ、秀秋は必然的に大坂方に味方することになったと考えられる。

大坂方の戦略で各地を転進

大坂方の軍勢は、十九日には家康の拠点であった伏見城の攻撃を開始したらしく、秀秋は二十二日に宇喜多秀家・大谷吉継とともに伏見に着陣している（『義演准后日記』『時慶卿記』）。注目されるのは、翌二十三日と同二十四日に、養母の北政所が、秀秋への祈念を京都北野社に依頼していることである（『北野社家日記』）。北政所が秀秋をことのほかに愛しんでいた様子がうかがえるであろう。

秀秋は、二十五日に伏見城近くの醍醐寺《だいごじ》に禁制《きんぜい》を与え（『義演准后日記』）、二十六日には京都の東寺《とうじ》に禁制を与えている（「東寺文書」秀秋一〇七号）。ここで秀秋が禁制を出していることから、京都近辺に展開していた大坂方の軍勢のなかでは、秀秋が総大将格にあったことがうかがえる。またこの日、大坂方の主力となる毛利勢二万は近江に進軍しており、秀秋・秀家らの軍勢は、伏見城を攻撃するとともに、さらに山城国醍醐・山科《やましな》・近江国大津《おおつ》まで進軍していたようである（「中川文書」『愛

龍造寺高房の墓■龍造寺政家の子で、隆信の孫。隆信が沖田畷の戦いで戦死した後、龍造寺家の家勢は衰え、この頃の実権は鍋島直茂・勝茂父子に握られていた　佐賀市・高伝寺

秀秋が禁制を与えた醍醐寺■写真は平安期に建造された五重塔（国宝）　京都市伏見区

「関ヶ原合戦図絵巻」に描かれた伏見城攻めおよび落城の図■岐阜市歴史博物館蔵

知県史資料編13』九一二号)。

そして八月一日、大坂方は伏見城を攻略した。これについては、「筑前中納言(秀秋)の手柄」といわれているので(『時慶卿記』)、同城攻めの総大将が、秀秋とみられていたらしいことがわかる。伏見城攻略によって家康の拠点を破壊した大坂方は、その後、大谷吉継を主将に北国方面、毛利秀元を主将に伊勢方面、石田三成を主将に美濃方面へ、それぞれ軍事行動を展開した。秀秋は、毛利勢や宇喜多秀家とともに、伊勢方面軍に編成された(前出「真田文書」)。しかし、なぜか秀秋はそれには加わっていない。

その後に秀秋の動向がわかるのは、二十二日である。この日、江戸方の羽柴家家臣佐々《さつさ》正孝《まさたか》が出羽の秋田《あきた》実季《さねすえ》に送った書状のなかに、江戸方の前田利長が上洛しようとする情勢に対して、北国方面の主将の大谷吉継が、越前国木之本《きのもと》に取出を構築して防ごうとし、そこに秀秋を大将にして、若狭の木下勝俊《かつとし》*(秀秋の兄)・鍋島勝茂《かつしげ》(直茂の子)・毛利吉政《よしまさ》らの軍勢一万を入れることにし、

伏見城跡の模擬天守■羽柴政権の拠点であり、家康の上杉攻めに際しては家康被官の鳥居元忠が城将をつとめていたが、大坂方の挙兵により猛攻を受け、落城した　京都市伏見区

*木下勝俊■家定の子で秀秋の異母兄。関ヶ原合戦では江戸方に属して伏見城を守るも、鳥居元忠に促されて退去した。後に隠居し、文人として有名になった。和歌は松尾芭蕉にも影響を与えたといわれる。

「関ヶ原合戦図絵巻」に描かれた岐阜城攻めの様子■岐阜市歴史博物館蔵

二十六日に同地に向けて出陣する予定になっていることがみえている（「秋田家史料」『愛知県史資料編13』九七〇号）。

これによれば、秀秋は北国方面への援軍として出陣することになっていたことがうかがえる。二十七日には、秀秋のもとにもたらされた戦況が公家に伝えられており、それによれば、大坂方は伊勢国阿野津《あのつ》城（三重県津市）を攻略、松坂《まつさか》城（同県松阪市）を降伏させ、軍勢は尾張国に向かうとのこと、また、江戸方により美濃国岐阜《ぎふ》城（岐阜県岐阜市）が落城し（落城は二十三日）、江戸方は手強い、というものであった（『時慶卿記』）。秀秋にもたらされた連絡が、京都の公家に伝えられているのだから、このとき、秀秋は京都近辺に在陣していたことがうかがえる。

伏見城攻略後の動向について伝えるものに、後世のものになるが、『寛永諸家系図伝《かんえいしょけけいずでん》』におさめられている秀秋の宿老稲葉正成の項がある。それによれば、石田三成から伊勢攻めを命じられたが従わず、伊勢国関地蔵院《せきじぞういん》（三重県亀山市）から引き返し、近江国高宮《たかみや》（滋賀県彦根市）

岐阜城■美濃斎藤氏の拠城であった稲葉山城を破却し、織田信長が金華山に築いた山城　岐阜県岐阜市

『英名百雄伝』に描かれた石田三成■当社蔵

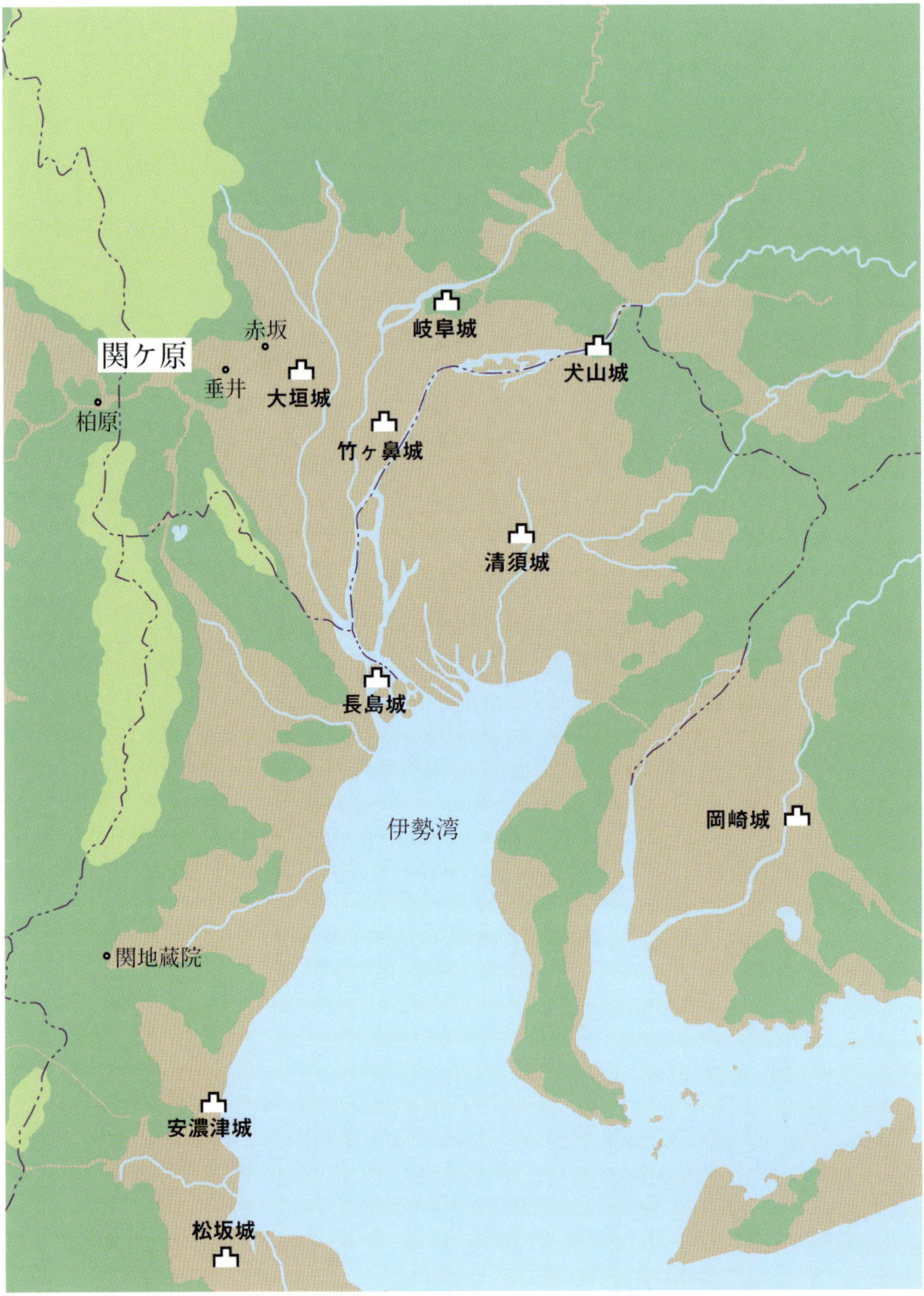

関ケ原
赤坂
垂井
大垣城
柏原
岐阜城
犬山城
竹ヶ鼻城
清須城
長島城
伊勢湾
岡崎城
関地蔵院
安濃津城
松坂城

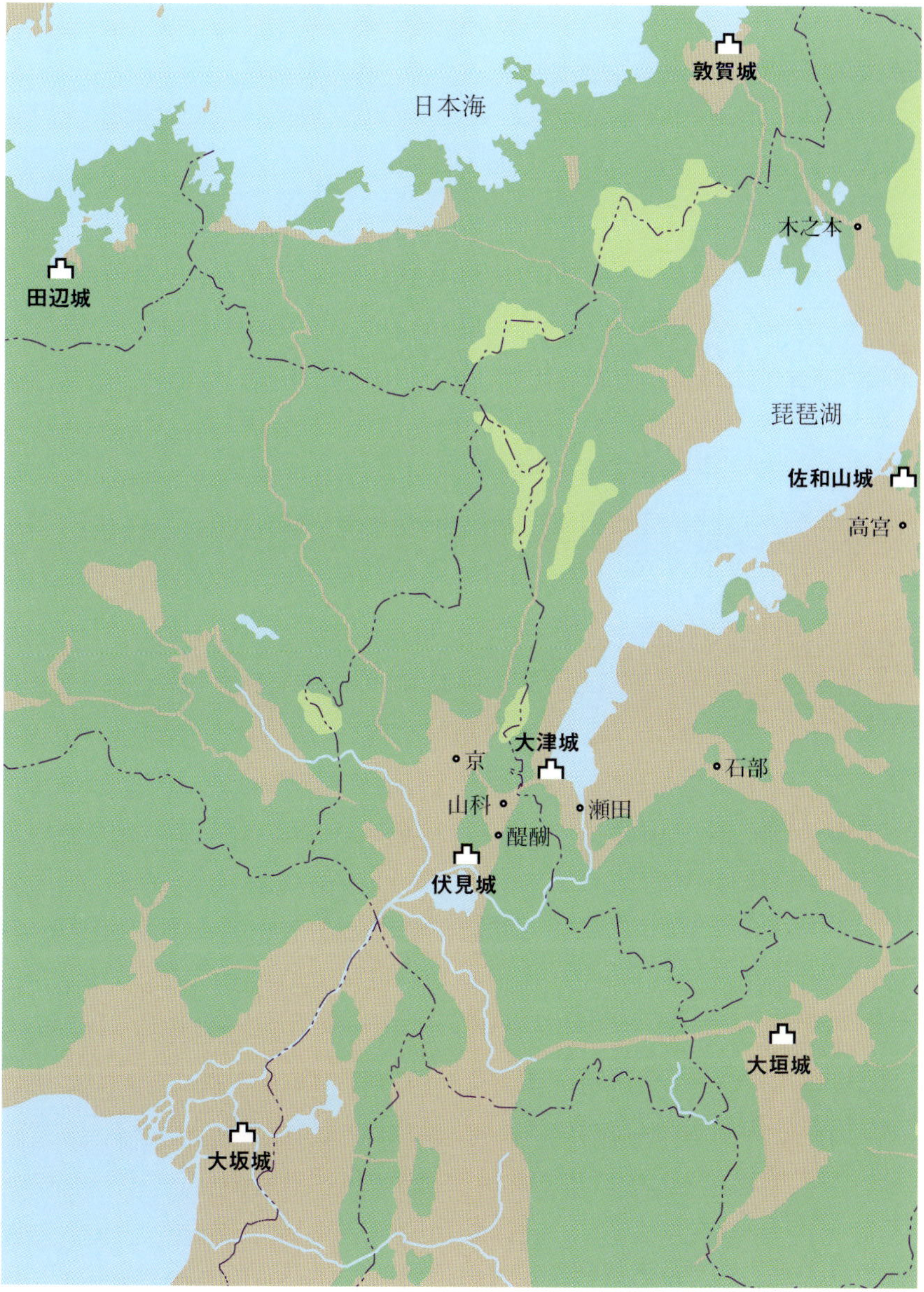

図2　関ヶ原の戦い関係図（1）

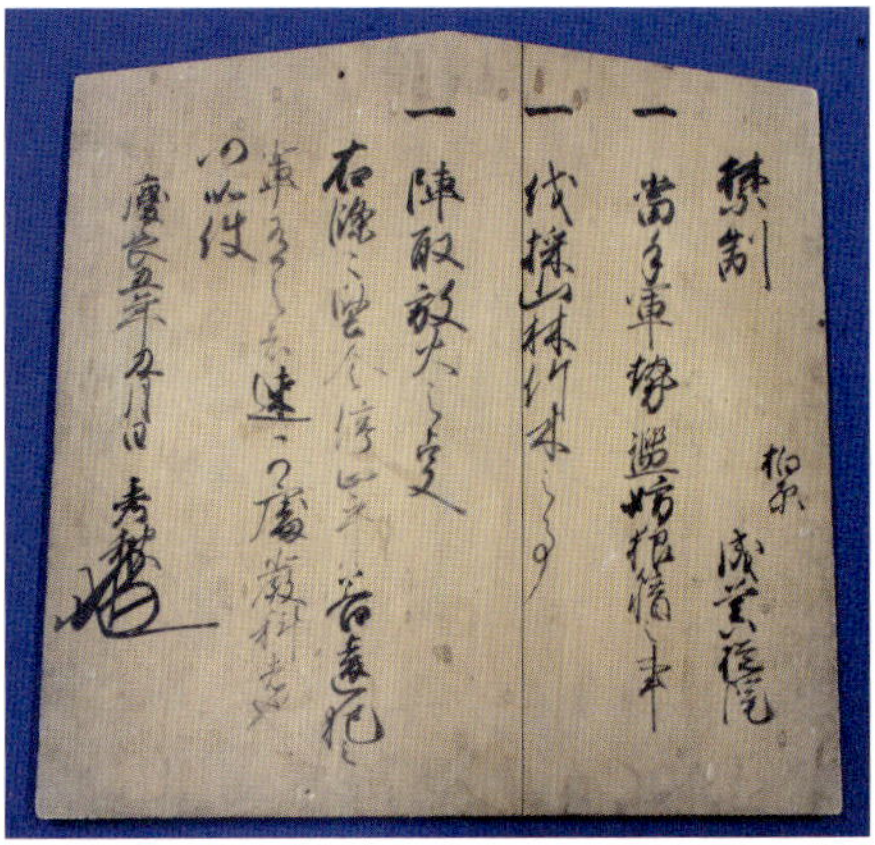

慶長五年九月日付け小早川秀秋禁制■柏原滞在中の秀秋が発給したもの　滋賀県米原市・成菩提院蔵

に在陣したため、石田から「二心あり」と疑われるようになり、佐和山城にいた大谷吉継が招いて捕らえようとし、あるいは石田から平塚為広《ひらつかためひろ》・*戸田《とだ》重政《しげまさ》が使者として派遣されて討とうとした、といったことがあった。その後、秀秋は近江国柏原《かしわばら》（同米原市）に陣を移し、石田はこれを攻めようとした、という。この後、稲葉正成らは、美濃国関ヶ原の松尾山《まつおやま》城（岐阜県関ヶ原町）に入城することを考えることにつながっている。

ただし、系図伝がいうように、石田三成の指示を無視し、そのために石田から討たれかけていた、というのはどうであろうか。先にみたように、秀秋は二十六日に、同じ伊勢方面に編成されていた鍋島勝茂らと、大谷吉継への援軍として派遣されることになっていた。このことからすると、近江への転進は大坂方の戦略によるものであったとみたほうがよい。系図伝には、「大谷吉継が招いて討とうとした」とみえるが、それはそのことを元にしたとみられるものの、意味は真逆である。おそらく系図伝は、後の秀秋の「叛逆」について、石田からすでに討たれようとしていた

平塚為広画像■滋賀県長浜市平塚

近江国柏原の名刹徳源院■京極家ゆかりの寺で、境内には京極家歴代の墓所がある　滋賀県米原市

ことへの対抗のため、という意図のもとに、事実を解釈していると考えられる。そうすると、石田から平塚らが使者として派遣されたことについても、素直に解釈したほうがよく、おそらくこれは、江戸方の美濃進軍をうけて作戦変更があり、美濃国への進軍を指示されたものであったと考えられる。

そのことをふまえたうえで秀秋の動向を整理すると、いったんは伊勢方面に進軍したものの、情勢の変化によって配備が変更され、関地蔵院から引き返して近江国に戻って高宮に在陣し、そこから大谷吉継の支援のために同国木之本に向かうことになった。しかし、その後に美濃国への転進を指示されて柏原に陣を進めた、という具合になると思われる。九月付で、秀秋は柏原の成《じょう》菩《ぼ》提院《だいいん》に禁制を与えているが（「成菩提院文書」秀秋一一九号）、それはこのときのものと考えられる。

■江戸方に誘われる■

しかしその頃には、秀秋のもとに江戸方からの調略の手が伸ばされてきてもいた。八月二十八日付で、江戸方の先陣としてすでに美濃国に進軍していた浅野幸長《よしなが》と黒田長政《ながまさ》から書状が送られている（「桑原羊次郎氏所蔵文書」秀秋一一六号）。

先の書状で申し入れたけれども、重ねて山岡道《やまおかどう》阿《あ》弥《み》（家康家臣）から使者二人が派遣されてきたので、（それを送り）申し入れます。あなたがどこにいらっ

＊戸田重政■勝成とも。丹羽長秀の家臣で、のちに羽柴秀吉に仕えたとされる。当時は越前国安居城主。関ヶ原合戦では大谷吉継隊に属して奮戦したが、脇坂安治隊等の裏切りにあい、討ち死にした。

成菩提院■米原の名刹で、延暦寺の別院であった。織田信長や羽柴秀吉等が訪れたという記録があり、石田三成の掟書等も所蔵する　滋賀県米原市

しゃろうとも、今回（家康に）御忠節することが重要です、二、三日中に内府公（家康）が（美濃国に）ご到着するので、その前によく考えられてください。政所様（寧々）に引き続いて御馳走しないでは叶わない私たち二人ですので、このようにしています。すぐの御返事をお待ちします。詳しいことは口頭でお考えをお聞きします。

追伸。急いで（家康に）御忠節されるのがもっともです。

「先書に申し入れた」とあるので、浅野・黒田からは、これよりも前に一度、江戸方に味方するよう誘ってきた書状が送られていたことがわかる。それに対して秀秋は、はっきりした返事を出さなかったのであろう、そのため二度目の書状が送られてきたと思われる。家康が本拠の武蔵国江戸城を出陣するのが九月一日のことであるから、両者は家康が進軍してくる前に、家康への忠節の態度をとるよう促している。

ここで注目すべきは、「政所様」の名が出されていることであろう。浅野・黒田は、北政所に対して引き続いて尽力しているのだ、だから秀秋に家康への忠節をはたらきかけるのだ、ということを述べている。ここでは、北政所への尽力が家康への忠節に等値されている。すなわち、「北政所は秀秋の養母であり、北政所に尽力し続けることは家康に忠節することなので、その養子である秀秋は、当然ながら家康に忠節すべきだ」という論理で説得を図っていることになる。もっとも、ここにみえ

浅野幸長画像 ■ 東京大学史料編纂所蔵模本

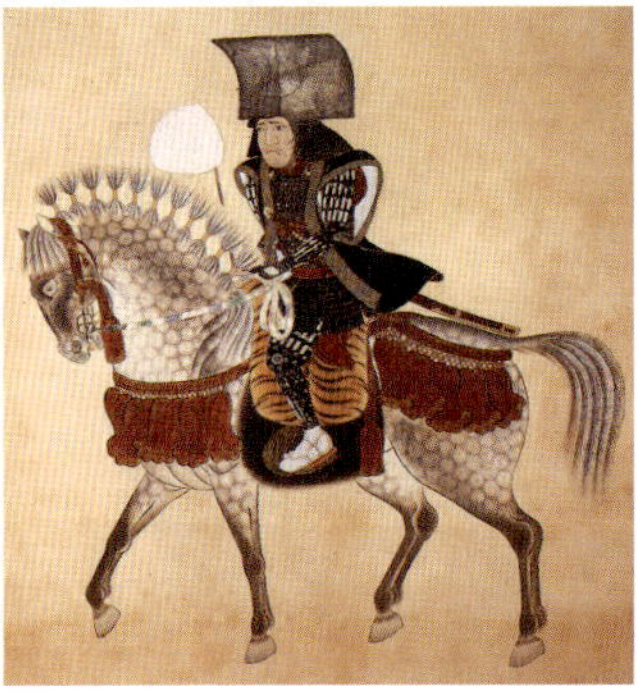
黒田長政画像 ■ 福岡市博物館蔵

る北政所の立ち位置をどう理解するのかは大きな問題といえるが、少なくとも浅野・黒田は、北政所は家康を支持していると認識し、それにより自分たちの行動を正当化していたことは確かであろう。

これに秀秋がどのように応じたのかはわからない。八月二十九日の日付で家康家臣の保科正光《はしなまさみつ》が出した書状には、美濃国大柿《(垣)》城に入った軍勢として、石田三成・宇喜多秀家・秀秋・島津《しまづ》義弘《よしひろ》・小西行長《こにしゆきなが》らがあげられている（「保科家御事歴」『愛知県史資料編13』一〇〇四号）。

■秀秋が「叛逆」したのはいつか■

九月十四日の夜、美濃国大柿城に在陣していた石田三成たち大坂方の軍勢は、近江国への入口にあたる関ヶ原に陣を移したが、その日には、秀秋は同地に構築されていた松尾山城に入城していた。同城の構築は、それ以前から石田たちによってすすめられていたもので、当初は「中国衆」（毛利勢）を在城させることが検討されていたらしいが（「古今消息集」『愛知県史資料編13』一〇一九号）、実際に入城したのは、毛利勢ではなく秀秋であった。

これについて、『寛永諸家系図伝』の稲葉正成の項には、同城には大坂方の伊藤長門守（盛正《もりまさ》）が在城していたが、それを追い出して入城したように記している。

江戸城跡の富士見櫓■東京都千代田区

大垣城跡■岐阜県大垣市

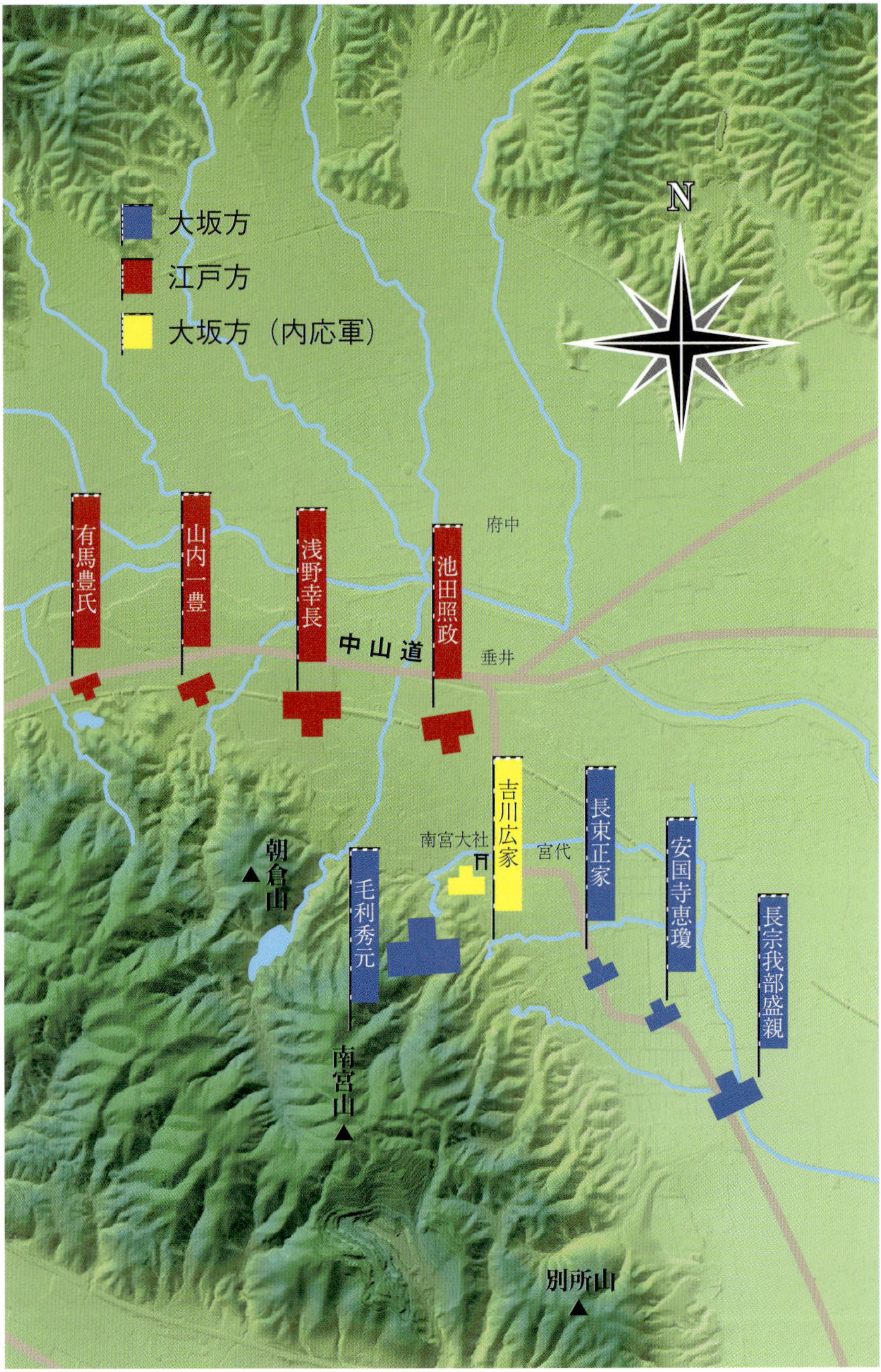
大坂方
江戸方
大坂方（内応軍）
N
府中
有馬豊氏
山内一豊
浅野幸長
池田照政
中山道
垂井
吉川広家
長束正家
安国寺恵瓊
長宗我部盛親
南宮大社
宮代
毛利秀元
朝倉山
南宮山
別所山

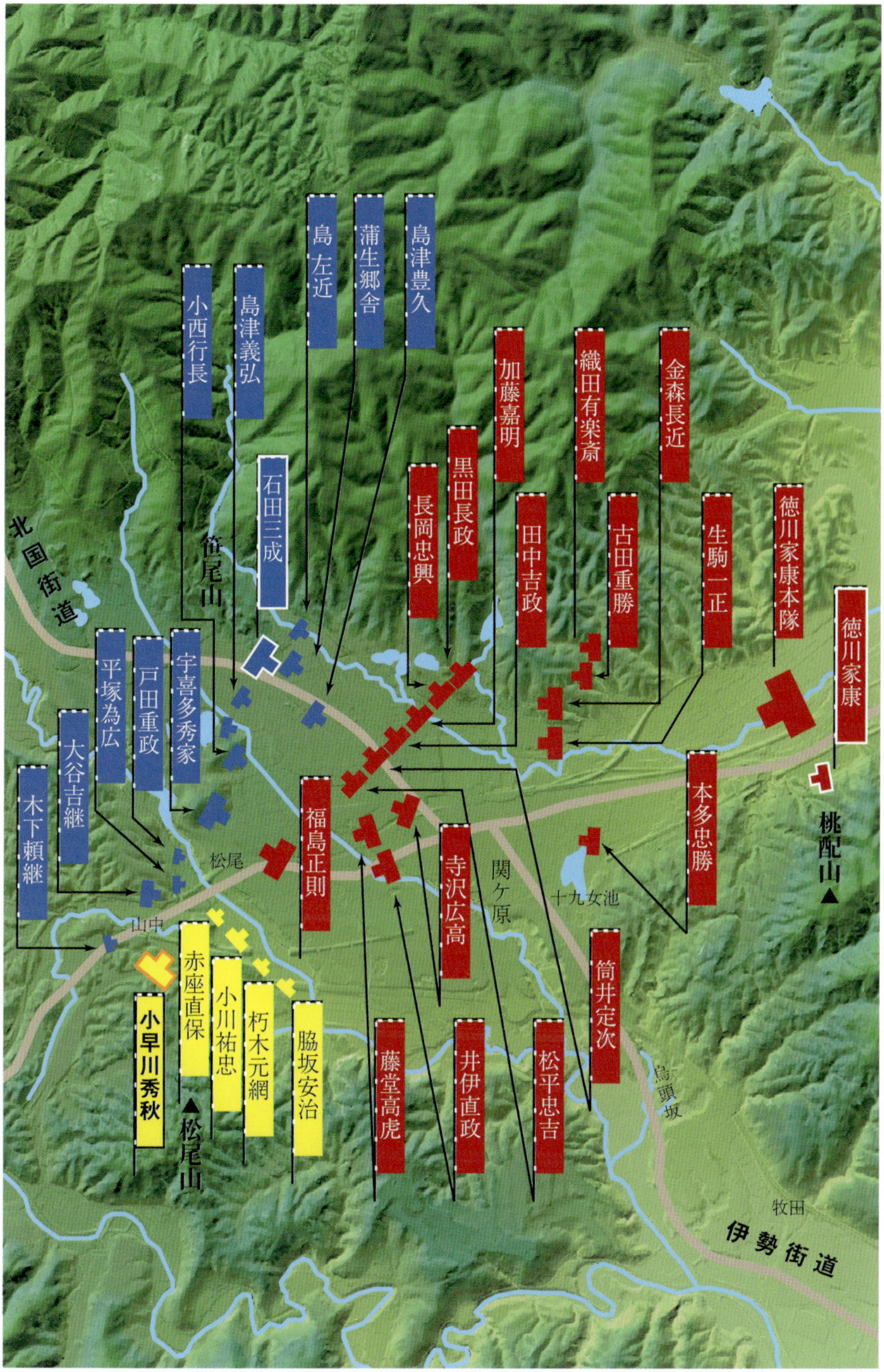

図3　関ヶ原の戦い関係図（2）

実際はどうであったのかわからないが、十四日には、秀秋は家康と密約を結んでいる。この日、家康の宿老の本多忠勝《ほんだただかつ》・井伊直政《いいなおまさ》の連名で、秀秋の宿老平岡頼勝・稲葉正成に宛てて、起請文が出されている（「関原軍記大成」『新訂徳川家康文書の研究　中巻』六九五頁）。内容は三ヶ条で、

一、秀秋に対して、内府（家康）はなしがしろにすることはありません。

一、御二人（平岡頼勝・稲葉正成）はとりわけ内府に対して御忠節するからには、今後、内府は（御二人を）ないがしろにすることはありません。

一、御忠節の態度が決まったならば、上方において二ヶ国を与える文書を秀秋に、（準備して家康から）貰って差し上げます。

というものである。秀秋が家康に忠節すれば、今後ないがしろにすることはなく、上方で二ヶ国の領国を与えること、それを取り計らった宿老の平岡頼勝・稲葉正成に対しても、家康はないがしろにしないことを誓約したもの、となっている。

このことから、秀秋の宿老平岡頼勝・稲葉正成は、これより以前から家康と接触して、大坂方から江戸方に転じる工作をすすめていたことがわかる。ここで、本多忠勝・井伊直政が平岡・稲葉に起請文を出していることから、その前段階で、平岡・稲葉から本多・井伊に宛てて、秀秋が家康に忠節を尽くす旨の起請文が出されていたと考えられる。八月二十八日の段階では、江戸方の浅野幸長・黒田長政からはたらきかけられていたが、おそらくそこから家康の宿老本多・井伊に引き継がれ、平

松尾山展望台から見た小早川秀秋の陣跡■岐阜県関ヶ原町

関ヶ原開戦地跡■現在は北天満山近くの西田運動公園の一角に碑が立っている　岐阜県関ヶ原町

大谷吉継隊と交戦する小早川秀秋隊■松尾山から戦況を見下ろす秀秋のほか、秀秋家臣の平岡石見（頼勝）、松野主馬（重元）、稲葉内匠（正成）らが奮戦する様子が描かれる　「関ヶ原合戦図屏風」　関ケ原町歴史民俗資料館蔵

岡・稲葉から起請文が出され、家康方からも起請文が出されるまでにいたった、と考えられる。

この起請文を秀秋が手にしたのが、松尾山城に入城した後なのか、その前のことであったのかはわからないが、少なくとも秀秋が同城に在陣するなかで、すでに大坂方から江戸方に転じる意向にあったことがわかる。関ヶ原において両軍の決戦がおこなわれたのは、その翌日の九月十五日のことであった。これに関しては、毛利勢の中心人物の一人であった*吉川広家《きっかわひろいえ》が、関ヶ原合戦から二日後の九月十七日に記した書状案に、「筑中（秀秋）の御逆意がすでにはっきりした、そのため大柿衆も山中に移り、大谷吉継の陣が心配なため、（これを）引き取った」と記していることが注目される（『吉川家文書』九一三号）。

これによれば、大柿城にいた石田三成らは、松尾山城に在陣する秀秋が、江戸方の立場を明確にしたので、大谷吉継を守るために関ヶ原に陣を移したのだという。秀秋が、松尾山城に入城する時点ですでに江戸方の立場を明確にしていたのであれば、同城に在城していた伊藤盛正を追い出したとする所伝は正しいものとなる。しかし、付近に大谷吉継が在陣しているので、秀秋が敵方になったことがはっきりしたため、大谷を守るために石田らは陣を移してきた、ということであれば、松尾山城に入城した時点では、秀秋はまだ大坂方の立場をとっていたことになる。

状況からすると、後者の場合が妥当のように思われるが、いずれにしても秀秋が、

（右）大谷吉継陣跡　（左）大谷吉継の墓
■ともに岐阜県関ヶ原町

翌日の関ヶ原合戦より以前に、江戸方の立場をとったことは確実のように思われる。そして、関ヶ原での両軍の決戦は、移動した石田らを家康勢が追うかたちでおこなわれたもの、といえるだろう。そこで秀秋は、約束通りに、大坂方に攻撃をかけて江戸方への態度を明確にし、それが江戸方の勝利を確定させたのだった。この情報は京都の公家衆にも伝わり、『言経卿記』では「内府勝也、筑前中納言同心也」、『舜

『真像太閤記画譜』に描かれた秀秋主従■当社蔵

＊吉川広家■毛利一族の吉川元春の子で、兄元長の死去にともない家督となった。関ヶ原では事前に江戸方に内通し、江戸方の勝利を決定づけた。その功により、初代岩国藩主となった。

（右）石田三成の陣跡（左）大谷隊とともに戦死した平塚為広の碑■ともに岐阜県関ヶ原町

旧記』では「金吾殿叛逆に依る」、『時慶卿記』では「金吾手返し」、と記されている。

ちなみに、秀秋の「叛逆」については、一般的には合戦が経過したなかでのこととみられていて、さらには決断をうながすために、家康が秀秋の陣に向けて問鉄炮をおこなった、などのことが言われている。しかし、それらはすべて後世の創作のようである。むしろ当時の史料からは、開戦とほぼ同時に、秀秋は江戸方の立場をとって、大坂方を攻撃したことが明らかになっている（「堀文書」『新修福岡市史資料編中世1』一七七頁）。そうして関ヶ原での決戦は、このように秀秋の「叛逆」によって決着が付けられたものと認識された。

■戦功を最大限に評価される■

合戦から二日後の九月十七日、徳川家康は秀秋の宿老稲葉正成に、直接に*1感状《かんじょう》を与えて、「（家康家臣）*2村越《むらこし》茂助《もすけ》（直吉《なおよし》）に送られた書状を見た、今回の秀秋の忠節は、あなたの才覚によるものと悦んでいる」と、秀秋の「叛逆」をもたらした功績に感謝し、取次をつとめた村越直吉も、稲葉正成に「お手紙を見た、今回の秀秋様の御忠節は、あなたのご尽力によるものと内府（家康）はとても悦んでいる、すぐに直書で伝えた、明日上洛するので、万事は京都で聞くつもりだ、御用事についてはないがしろにしない」との旨を伝えている（「古文書集」『新修福岡市史資料編近

小早川隊とともに東軍に寝返った脇坂安治の陣跡■岐阜県関ヶ原町

＊1感状■合戦などで軍功を上げたものに対して、その功を賞するために与えられた文書。

＊2村越直吉■徳川家康の家臣で、関ヶ原では使者役として軍功を上げた。その功により家康に重用され、ブレーンとして活躍した。

世1』三〇〇〜一号）。
この日、家康ら江戸方の軍勢は、石田三成の居城佐和山城の攻撃にかかっている。秀秋もそれに加わって、大手攻めを担当している。家康は佐和山城の攻撃に際して、秀秋の宿老稲葉正成に、その功績を讃えたのであった。

佐和山城は十八日に落城し、家康は伏見に向けて進軍するが、二十日から二十六日まで近江国大津城に在陣する。秀秋もそれに従ったと考えられ、その間の二十四日、秀秋は家康から、次の内容の書状を与えられている（「木下文書」秀秋一一八号）。

> 今回の関ヶ原での御忠節に、とても感悦しています。以前からの約束は間違いなく実現します。とても祝着に思います。今後は武蔵守（徳川秀忠）と同前に思い、ないがしろにしません。

ここで秀秋は、家康から従前の約束、すなわち、上方で二ヶ国の領国を与えるということの実現を確約されるとともに、今後は、嫡子の秀忠と同前に思って、ないがしろにしない、とまでいわれている。なかでも注目されるのは、「武蔵守（秀忠）同前に存じ」という言葉であろう。秀忠は、天正七年（一五七九）生まれであったから、秀秋よりも三歳年長であった。すでに家康の嫡子として、秀秋と同じ権中納言の官職にあり、この後はさらに政治的地位を上昇させることが予想されていた存在であった。家康は秀秋に対して、「それと同様に思う」という意向を示すことで、秀秋の戦功を最大限に評価している態度を示したとみられる。

大津城跡■秀吉が浅野長政に命じて築城し、関ヶ原時の城主は京極高次。関ヶ原後に高次が若狭国小浜に転封になると廃城となった。市街化にともない、現在、一部で石垣が残るのみで遺構はほとんどない　滋賀県大津市

徳川秀忠画像■東京都台東区・松平西福寺蔵

第三章 備前・美作二ヶ国の太守

■備前・美作の二ヶ国を与えられる■

関ヶ原合戦から九日後の慶長五年（一六〇〇）九月二十四日、徳川家康からのはたらきかけをうけて、大坂城に在城していた大坂方総師の毛利輝元は、同城を退去した。

その三日後の二十七日、家康は再び大坂城に入り、ここに再び「天下人」としての地位を確立させた。同時に戦後処理として、大坂方大名の領知没収や減知転封、あわせて江戸方大名への論功行賞《ろんこうこうしょう》としての領国充行や加増転封をすすめていった。

そこで秀秋は、かねてからの約束どおり、上方で二ヶ国を与えられた。具体的には、大坂方の「大老」であった宇喜多秀家の旧領の備前・美作二ヶ国四〇万七千石に加増転封され、備前国岡山城を本拠とした。そのため、以後は「岡山中納言」「備前中納言」を称するようになる。なお、羽柴名字を称し続けたのかどうかは、確定する史料がみられないため明確ではないが、この時点で、秀秋は依然として唯一の羽柴家一門衆であり、羽柴宗家（秀頼）も存続していることからすると、それまで

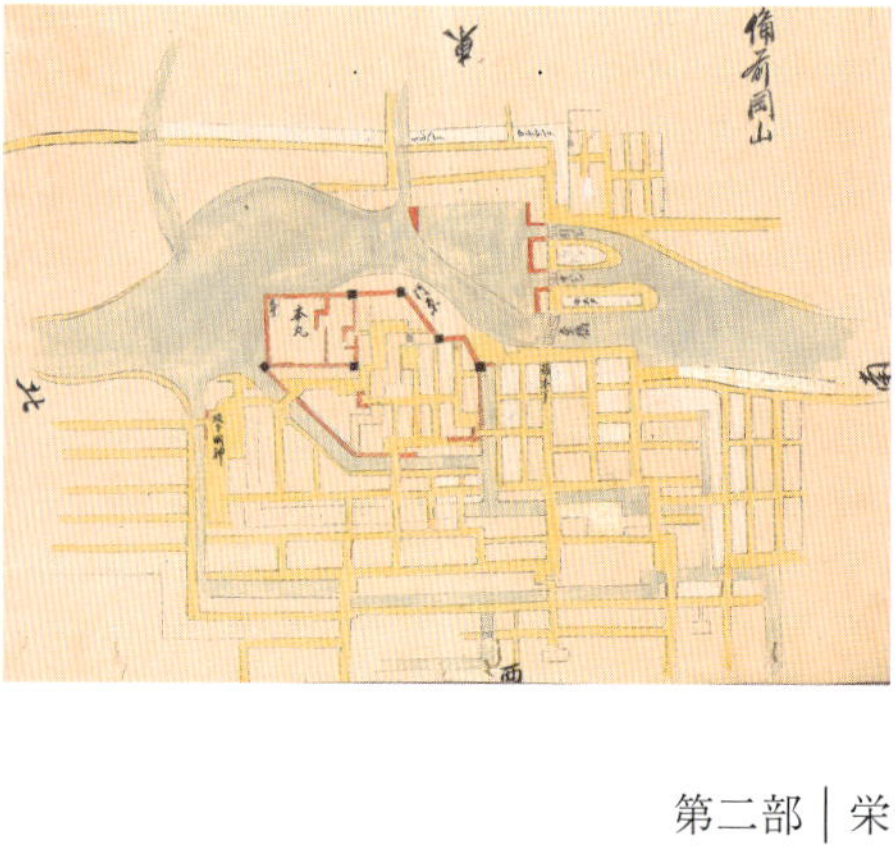

「近世城図」に描かれた岡山城■小早川家の後には池田輝政（照政）の子忠継が入り、江戸時代を通じて池田氏の居城となった。黒漆塗の概観から「鵜城」と呼ばれたが、第二次世界大戦時の空襲により焼亡した　個人蔵

どおりに羽柴名字を称していたと考えてよいであろう。

　両国の拝領時期は明らかではないが、十月十日には宿老の杉原重政が、美作国の注連大夫に対して社家役《しゃけやく》を安堵し（「岡田文書」『岡山県古文書集第三輯』三〇五頁）、同月十四日には宿老の平岡頼勝が、備前国久保宮神主に対して禁制を与えていることから（「藤井文書」『岡山県史家わけ史料』四二頁）、十月上旬には両国を拝領し、ただちに秀秋の宿老たちが入部したことがうかがえる。ちなみに『備前軍記』では、拝領の時期を十月五日とし、二十四日に平岡頼勝が宇喜多家旧臣から本拠となる岡山城の引き渡しをうけた、と記している。確定はできないが、おおよそそんなところと思われる。

　ちなみに、これにともなって、それまでの領国であった筑前・筑後領国は上知《じょうち》（返上）されることになった。筑前国には黒田長政が入部することになり、本拠の名島城は十二月三日に引き渡されている。

　この筑前・筑後領国に関しては、十月十五日付で宿老の杉原重政・西郡和泉守・伊藤重家の連署で、領国の村に対して、この年の年貢納入についての指示が出されている（「朱雀文書」『新修福岡市史資料編近世1』三〇四号）。他方で、十月十三日には筑前国の村から黒田家に対して未進分の年貢についての願書が出されているので、この頃に領国

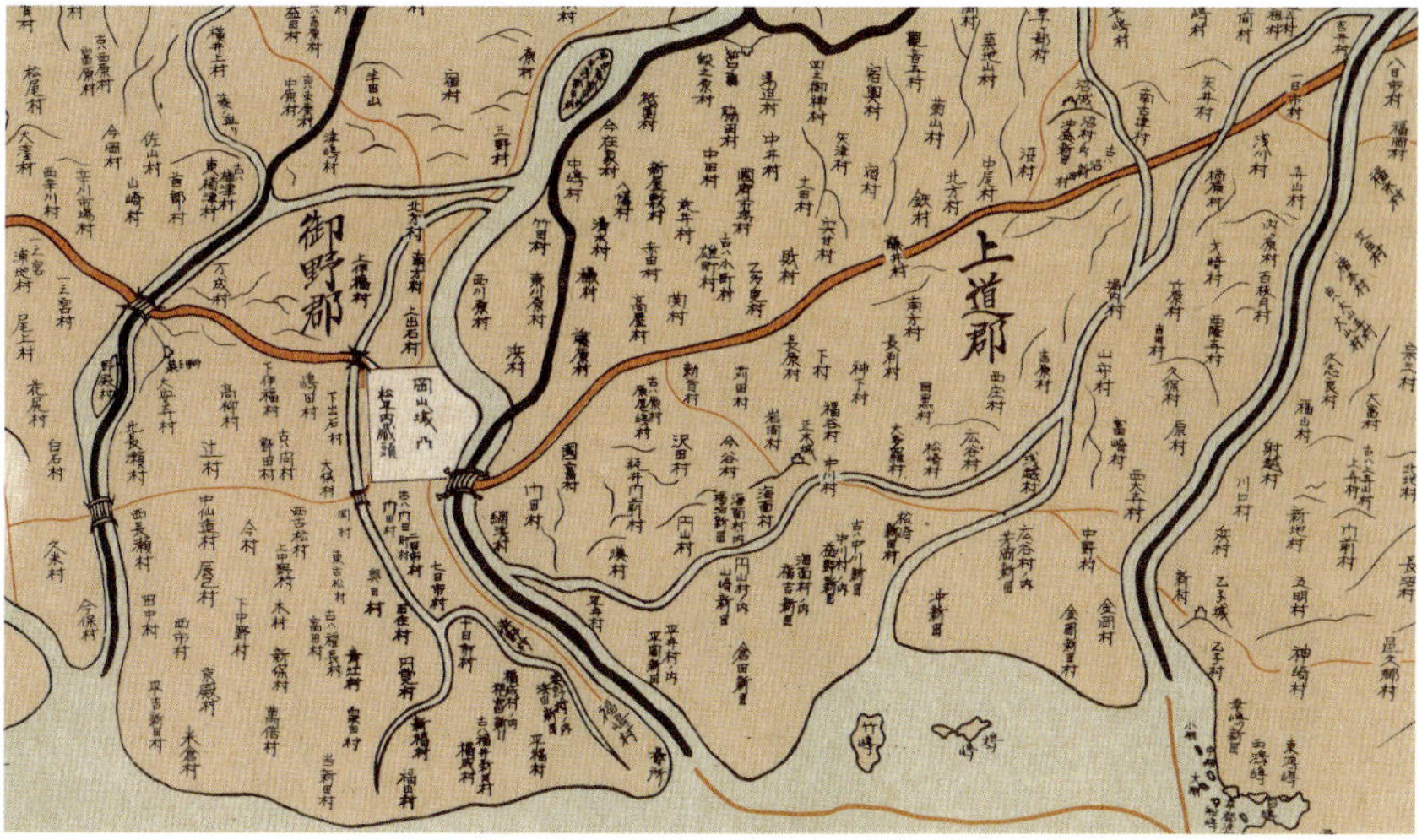

江戸時代に描かれた備前国絵図のうち、岡山城周辺■当社蔵

の引き渡しがおこなわれたと考えられている。

新たな領国として備前・美作の二ヶ国を請け取った秀秋は、十一月になると、家臣への所領配分に着手したらしく、十一月十一日付で家臣に対する知行目録が一斉に出されており、現在のところ一二通が確認される（「岡山県立博物館所蔵文書」秀秋一二一号など）。注目されるのは、兄*の木下信濃守俊定が、合戦後に秀秋の家臣になっていることであり、五千石の知行を与えられている。

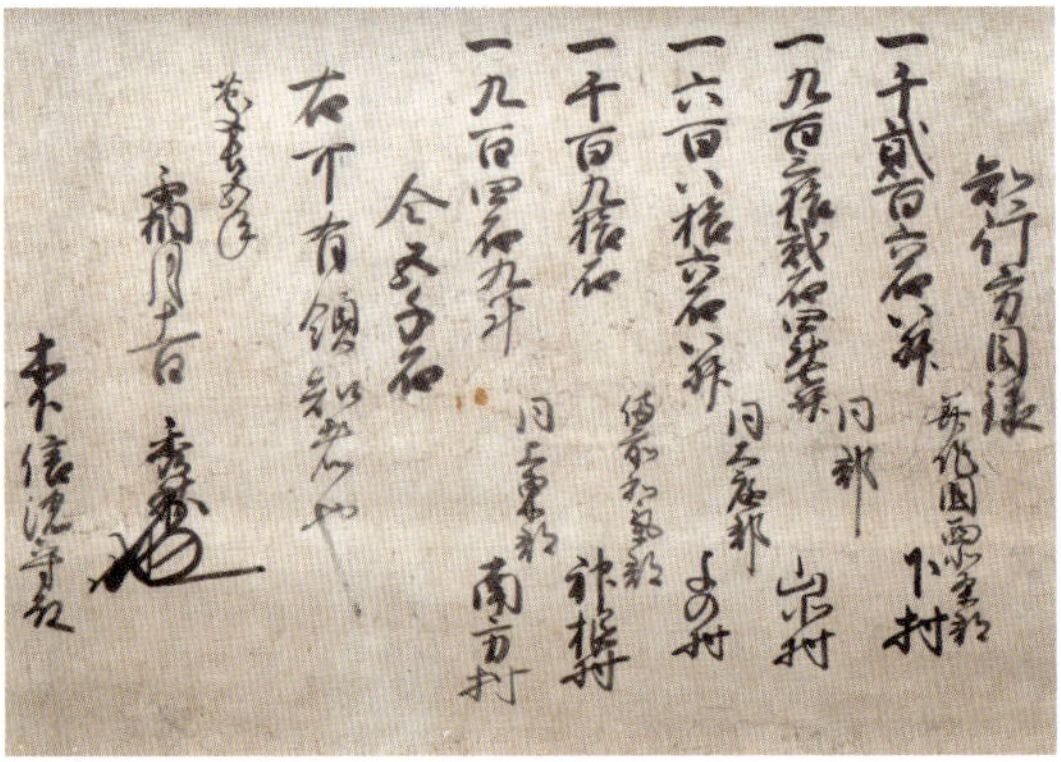

慶長五年十一月十一日付け木下信濃守宛て知行目録■岡山県立博物館蔵

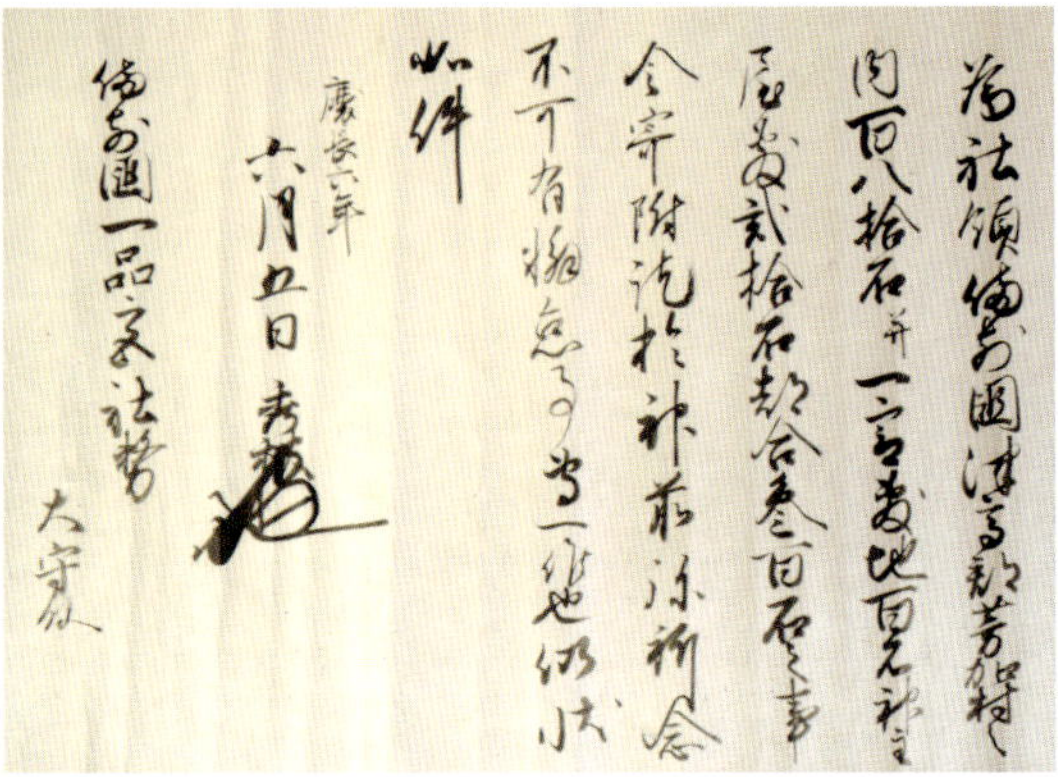

慶長六年六月五日付け小早川秀秋社領寄進状■岡山県岡山市・吉備津彦神社蔵　写真提供：岡山県立博物館

吉備津彦神社■備前国一宮で、歴代の備前岡山藩主により社殿が造営・修造された。織豊期には宇喜多秀家が造営に着手したが、関ヶ原の戦に敗れ中絶し、慶長六年に小早川秀秋が造営に着手し完成した。江戸時代には、岡山藩主となった池田家により現在に繋がる景観が整えられ、現在の本殿は元禄十年（一六九七年）に池田綱政により造営されたものである　岡山県岡山市

支配関係を確定する作業は、年を越して続けられたらしい。慶長六年五月七日付で、重臣の伊岐《いき》遠江守に蔵入地を預ける蔵入目録が出されているので（「壱岐文書」秀秋一三七号）、この頃には秀秋の蔵入地の確定もおこなわれたと考えられる。そして六月五日付で、秀秋が領国内の有力寺社に対して所領の寄進状を出している（「吉備津彦神社文書」秀秋一三八号など）。寺社については六月一日付で、宿老の稲葉通《みち》政《まさ》（もと正成）が禁制を出していて、六月五日付では秀秋が直接に出していない寺社に対して、稲葉通政・平岡頼勝の連署で所領の寄進状を出している（「中山神社文書」『岡山県古文書集第三輯』二八〇頁など）。

これらによって、領国における直轄領・家臣の所領・寺社領が確定されることになり、支配関係が確定されたといえる。ここに、秀秋の備前・美作両国支配は本格的に開始されることになった。

■家老平岡頼勝を誅殺し、家中騒動が勃発■

備前・美作両国支配のかたちが整った後の慶長六年（一六〇一）秋、秀秋は自身、初めて領国の岡山城に下向した（「高木文書」秀秋一四七号）。単に「秋」（七月〜九月）とあるだけなので、下向の具体的な時期は不明だが、八月二十二日以降に領国支配の文書が出されるようになっているので、その頃には下向していたように思われる。

＊木下俊定■家定の子で、秀秋の兄。丹波で一万石を領したが、関ケ原で大坂方に付いたため改易。戦後、秀秋の家臣となった。

中山神社■美作国一宮で、慶雲四年（七〇七）の創建とされる。本殿は尼子晴久により永禄二年（一五五九）に再建されたもので、「中山造」と呼ばれる珍しい造りである　岡山県津山市

また、十一月七日までは在国していることが確認できるので（前掲「高木文書」）、在国は二ヶ月以上におよぶものであったことがわかる。なお、岡山城から伏見に上京した時期についても明確ではないが、閏十一月二十二日付で浅野長政に宛てた書状は（「木下文書」秀秋一五二号）伏見で出したものと推測されるので、その間に岡山から伏見に戻ったものと思われる。

このときの領国への下向は、秀秋にとっては最初の岡山城への下向となる。しかしそこでは、『備前軍記』[*1]によると、宿老平岡頼勝の誅殺《ちゅうさつ》という事件が起こり、それを契機として、稲葉通政・松野重元・日野景幸《ひのかげゆき》といった丹波・筑前領国時代からの宿老・重臣たちが出奔《しゅっぽん》するという、家中騒動が展開することになる。実際に稲葉が出奔したことが確認され、平岡・松野・日野はこの後、秀秋の家臣としてみられなくなっている。

秀秋は、下向後の八月から閏十一月にかけて、家臣のうち、伊岐遠江守・林丹波守（長吉《ながよし》）という、その後に宿老として台頭してくる側近勢力に対して、知行の加増、同心鉄炮衆の知行充行、蔵入地預け、などをおこなっている（「壱岐文書」秀秋一三七号）。これが家中騒動よりも前のことなのか、後のことなのかはわからないが、ここで秀秋がおこなっている事柄は、いずれも側近層の勢力拡大をうながすような、いわば側近勢力への梃子入れともいうべきことであった、とみることができる。

平岡頼勝を誅殺した理由は不明であるが、彼は秀吉から付けられた古参家臣の一

（右）平岡頼勝 （左）松野重元 ともに「関ヶ原合戦図屏風」関ケ原町歴史民俗資料館蔵

＊1備前軍記 岡山藩士の土肥経平が江戸時代中頃にまとめた戦国時代の備前・美作・播磨について記す軍記物。

人であった。それを誅殺したということは、一面では、秀秋の大名としての精神的自立を示しているともいえるが、誅殺という手段をとるあたりに、秀秋の政治的手腕の未熟さをみることができる。また、その背景に、宿老層と側近層の政治対立があったとすれば、それも秀秋の大名としての未熟さを示すものとなろう。

実は秀秋は、この年の二月から五月の間と七月という領国に下向する直前に、二回にわたって医師曲直瀬玄朔《まなせげんさく》の診療をうけていた。症状は「酒渇（周期性アルコール症）嘔吐、胸中煩悶（胸の苦しみ）」「酒疸（酒による化膿か）」というもので、要するに酒の飲み過ぎによる病気であった（*2『玄朔道三配剤録』）。秀秋の酒の飲み過ぎは少年期からのものであったが、それが病気になるまでになっていたことがわかる。診療の記録はこの二回しか知られないが、おそらく恒常的な症状であったと思われる。そうした酒の飲み過ぎは、あるいはさまざまな重圧から逃れるためであったのかもしれない。

筑前領国期にも、丹波領国時代以来の宿老であった山口宗永と不仲の状態にあったことを思うと、秀秋は、それら秀吉から付けられた宿老と、なかなか上手く関係を結ぶことができなかったことがうかがえる。そうしたなかで、依然として酒の飲み過ぎの状態にあった秀秋は、なんらかの対立がもとになって、ついに宿老の誅殺という挙に出てしまったのかもしれない。しかし、それはほかの宿老からみると、理不尽なものと認識されたのであろう。そのためその後に、稲葉通政らは出奔する

＊2玄朔道三配剤録■曲直瀬玄朔の診察記録で、当時の武将たちの病状を知ることができる貴重な史料である。

曲直瀬玄朔の墓■戦国期の名医として名高い曲直瀬道三の妹の子。道三に養育され養子となり、道三の医術を受け継ぎ自身も医者となった。秀次事件に連坐して常陸に流罪になるも、後に赦免され、江戸幕府の要請で徳川秀忠の診療するなど復権した　東京都渋谷区・祥雲寺

稲葉通政（正成）画像■神奈川県立歴史博物館蔵

にいたったと思われる。

閏十一月二十二日、秀秋は浅野長政に、稲葉通政の出奔のことを報告し、家康への取り成しを依頼している（前出「木下文書」）。通政は、先にみたように、家康から個別に進退の保障をうけていた存在であったから、それが出奔したということは、秀秋の立場を悪くしかねなかったためであろう。

もっともこの件について、家康からなんらかの対応をうけた形跡はみられないから、この問題が大事になることは防がれたとみられる。

■領国支配の再編■

秀秋は、それから翌慶長七年（一六〇二）正月十四日までの間に、実名を「秀詮」に改名している（「村山文書」秀秋一五五号）。読みは同じ「ひであき」であったから、用いる字を変えたことになる。時期から考えると、家中騒動がおさまり、新たな領

「関ヶ原合戦図屏風」に描かれた稲葉通政（正成）■関ヶ原町歴史民俗資料館蔵
通政は小早川家から出奔後、妻の福（春日局）が徳川家光の乳母となったこともあり、江戸幕府の下で大名となった。子孫も明治維新まで大名として続いている

国支配の構築に取り掛かかるにあたって、心機の一転を図ってのことであったろうか。

家中騒動の結果、宿老の筆頭であった平岡・稲葉のみならず、重臣の松野・日野もいなくなったが、彼らはその立場にふさわしく、重要な役割を担っていた。そうした彼らが一挙にいなくなってしまったのだから、秀秋は否応なく、新たな領国支配の体制を作り直さなければならなくなっていた。

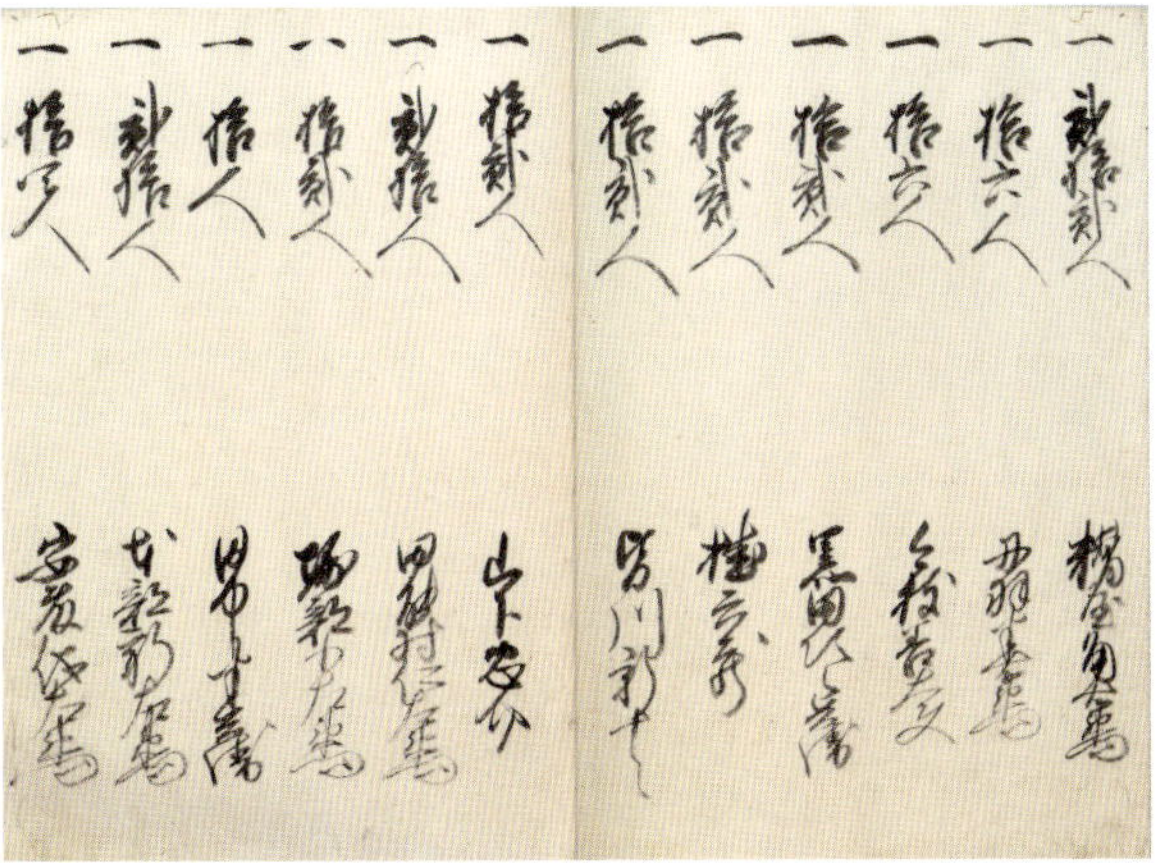

慶長七年六月二十三日付け毛利出羽守宛て与帳■岡山県立博物館蔵

そうして二月には、知行の加増などをおこなって、家臣の所領の再配分をすすめている（「黄薇古簡集」秀秋一五六号）。ただ、そうした対応は一時しのぎにすぎなかったのか、六月中旬になって、七月に両国について検地をおこなうことを決定している（「因幡志」秀秋一五九号）。

六月二十三日には、家臣の軍団編成について再編をおこなっている。いなくなった平岡・稲葉らは、軍団を率い

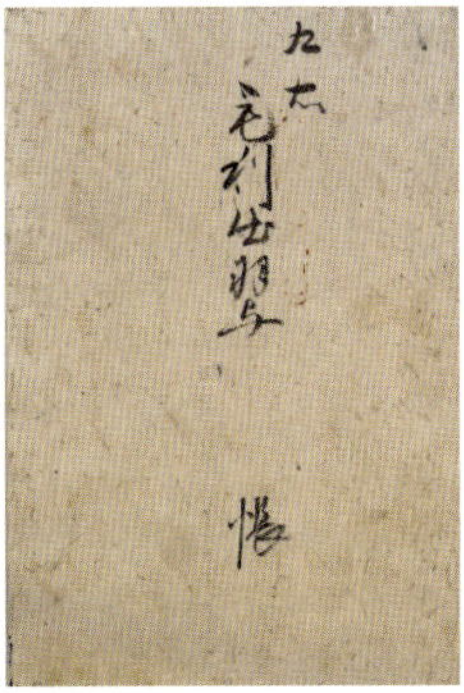

慶長七年六月二十三日付け毛利出羽守宛て与帳　（右）冒頭分　（左）末尾の署名部分■秀秋家臣のうち、毛利出羽守を頭とする軍団を列記したものである　岡山県立博物館蔵

る役割を担っていたと考えられ、当然ながら、それに変わる軍団の編成をおこなう必要があったからである。

現在のところ、毛利出羽守（吉雄）組九五四人と（「岡山県立博物館所蔵文書」秀秋一六〇号）、伊岐遠江守組一七〇五人（「壱岐文書」秀秋一六一号）の編成が知られる。当然、他の組も存在したであろうが、具体的な状況は不明である。また翌二十四日には、各組に対する法度《はっと》の制定や（「松野尾章氏所蔵文書」秀秋一六二号）、旗本長柄《はたもとながえ》組《ぐみ》の編成などがおこなわれていることが確認できる（「藩中古文書」秀秋一六三号）。

続いて七月十七日には、領国内の支城制の再編がおこなわれて、林長吉に備前国和気《わけ》郡の片上《かたかみ》城（岡山県備前市）が、伊岐遠江守に同国児玉《こだま》郡の常山《つねやま》城（岡山県岡山市・玉野市）が与えられ、同時にそれに附属された城付領が与えられている（「記録御用所本古文書」秀秋一六五号など）。林・伊岐は、このように支城の城代に取り立てられており、彼らが新たな宿老に成長していることがわかる。領国における支城には、このほかにも備前国には金山《かなやま》城（金川城か）・虎倉《こくら》城、美作国には高田《たかだ》城・倉敷《くらしき》城が存在したとも伝えられているが、実状は不明である。

そのうえで、七月の両国検地の結果をうけて、家臣所領の再配分がおこなわれ、九月三日付で一斉に知行目録が出された（「記録御用所本古文書」秀秋一六九号など）。いうまでもなく、これはすべての家臣が対象になったものであった。入部後二年も経たないうちに、所領配置の全面的な再編がおこなわれたのである。

常山城跡■戦国期には上野氏の居城であったが、毛利氏に攻められ落城した。小早川秀秋により伊岐遠江守に与えられた後、近世に岡山藩主となった池田忠継によって廃城となったという　岡山県岡山市・玉野市

もっとも、入部当初のそれは、前代の宇喜多氏*の検地に基づいたものであったから、秀秋としては、当初からあらためて検地をおこなうことを考えていたのかもしれない。そうであれば、ここにきてようやく実現をみたことになる。ただ、その結果としての両国の領知高は、四〇万四千石となった。これは、拝領時の四〇万七千石からすると、三千石減少している。理由はわからないが、領国の荒廃が進展していた可能性が高い。

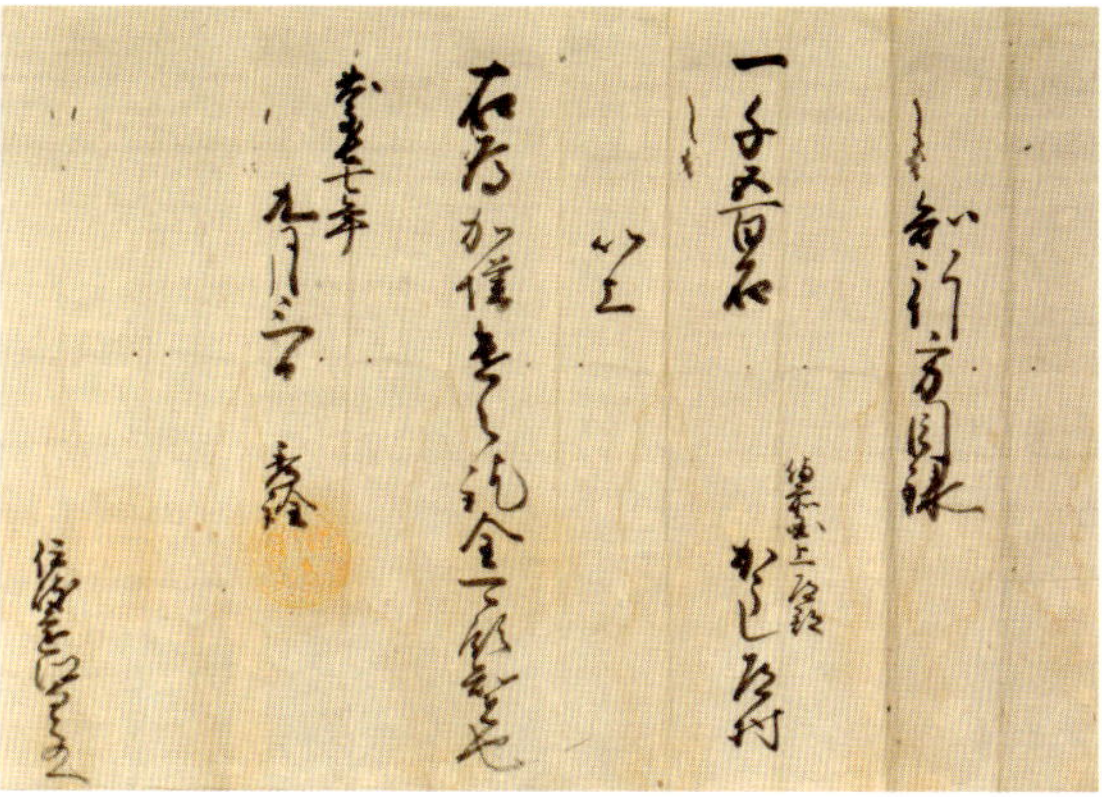

慶長七年九月三日付け小早川秀詮（秀秋）知行方目録■「壱岐家文書」 個人蔵 写真提供：和歌山県立博物館 なお、本文書は「秀秋」ではなく「秀詮」の名で出されている

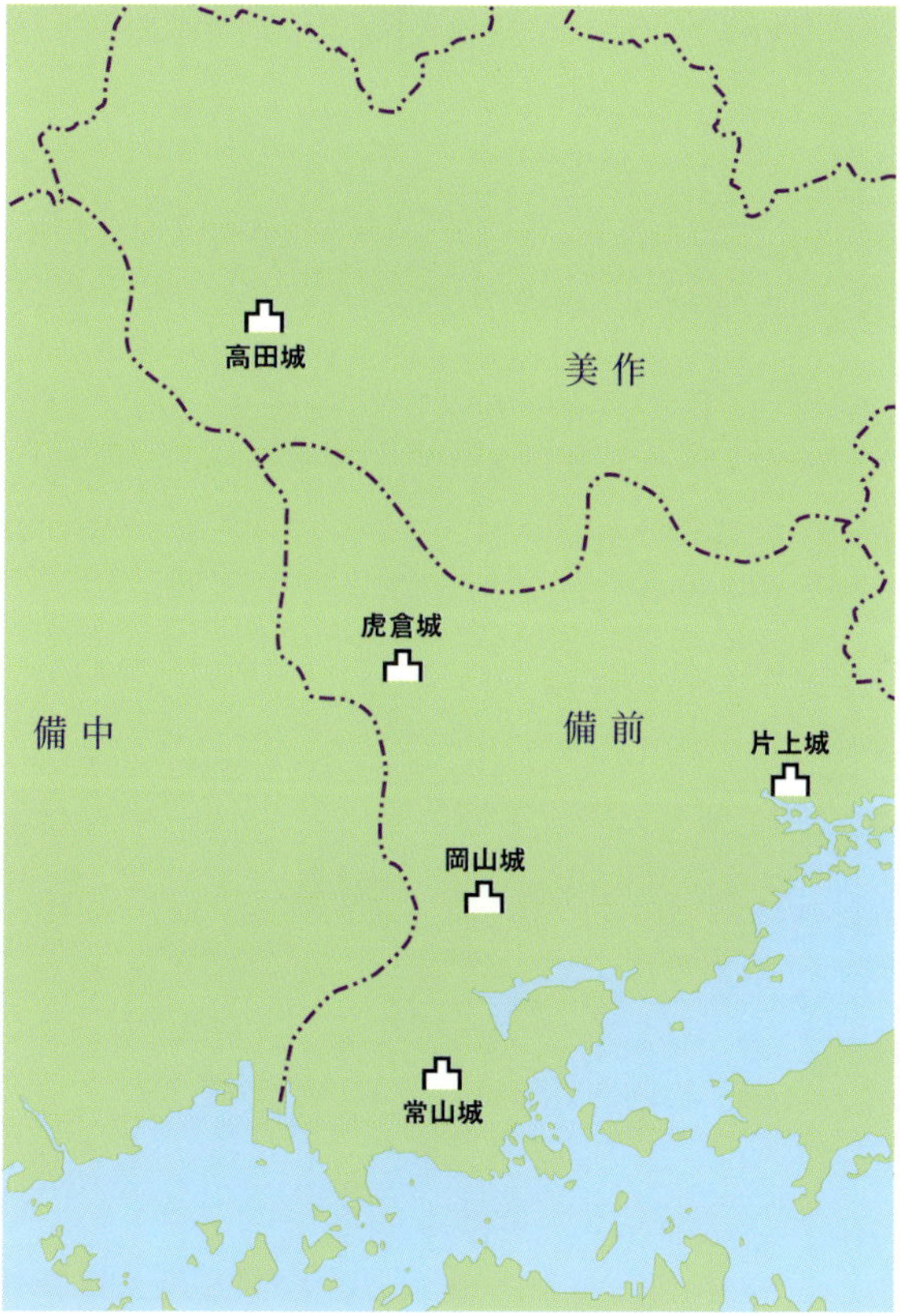

図４ 備前・美作領国内の支城

＊宇喜多氏の検地■文禄の役休戦後の文禄三年（一五九四）に、財政基盤の安定化と恩賞地確保のために惣国検地がおこなわれた。これにより蔵入地が飛躍的に増加したが、家臣団の分裂を招く一因にもなった。

■秀秋、死去する■

本来なら、秀秋はこの後は領国の復興に取り組むつもりだったのであろう。ところが、それに着手する暇もなく、それから一ヶ月後の慶長七年（一六〇二）十月十八日に、本拠の岡山城で死去してしまった。享年二十一の若さであった。

秀秋は、前年閏十一月に上京して以来、伏見にあり、正月三日は羽柴家当主秀頼の名代として豊国社《とよくにしゃ》に参詣していた（『舜旧記』）。秀秋が、関ヶ原合戦後も羽柴家一門衆として存在していたことがわかる。次いで、四月十八日にも同社の神事に際して神供《じんく》（神への供えもの）を捧げている（同前）。八月十二日には、そのうちに領国に下向する意向が示されている（「黄薇古簡集」秀秋一六七号）。

なおこのとき、秀秋は伊達《だて》政宗《まさむね》と揉め事になっていたが、家康家臣の土岐見松・山岡道阿弥・岡野《おかの》江雪《こうせつ》の三人が仲介に入って、解決したらしい。何が原因かはわからないが（大抵こうした紛争は家臣同士のトラブルが原因だが）、秀秋が政宗を向こうに回すようなことがあったこと自体は、興味深いであろう。

この年の下向時期は明確ではないが、十月七日には下向していたように思われる。養母北政所に宛てた書状に、「状況はよくわかりました、何事も考えて適切に対処するので、心配しないように。決して使者を下さないように、こちらから毎日使者を上せます」（「木下文書」秀秋一八八号）と述べているので、このときには下向して

豊国神社■秀吉を祀り、社名は秀吉が与えられた神号「豊国大明神」に由来する　京都市東山区

伊達政宗銅像■宮城県仙台市・仙台城跡

いた可能性が高い。そして、そこから死去にいたるまでの様子については、かつて手習いの師匠であった聖護院道澄の追悼文から知ることができる（「金吾中納言秀秋卿悼める言葉」『ねねと木下家文書』四九頁）。

それによれば、最近は、以前にはなかった気分に何度も悩んでいたが、近頃は（気分が）穏やかになったとして（領国への）帰国を急ぎ、十月十五日に鷹狩りをおこなって、日暮れに帰宅し、気持ちが悪くなって臥せてしまった。次の日（十六日）は気絶することがたび重なったので、近習の人々が驚き騒ぎ、あわてて（「足を空にて」）京都に使者を派遣して状況を報告し、十七日には少し気色が良くなって喜んだけれども、その夜の明け方の寅の時（午前四時頃）に、死去した、というものであった。

秀秋の死去は、いわば急死であった。ただ、それ以前から気分が悪い状態が続いていたらしく、それもそれまでにはないほどのものであったようだ。それが治まったので領国に下向したところ、鷹狩りから帰った後に気分が悪くなって伏せ込み、さらに何度も気絶してしまうほどに容態が急変し、そのまま快復することなく死去してしまったらしい。もともと酒の飲み過ぎで体調は散々な状態にあったといってよく、そうしたことが気分の悪さをもたらしていたように思われる。そして、それがついに頂点に達して、死去にいたった、といったことであろうか。

遺体は岡山の本行院《ほんぎょういん》で火葬され、京都本圀寺《ほんこくじ》の塔頭《たっちゅう》瑞雲院《ずいうんいん》に納められ、法名《ほうみょう》は瑞雲院秀巌日詮《ずいうんいんしゅうげんにっせん》とおくられた。実子はなかったため、絶家とされ、領国は家康

秀秋が葬られた瑞雲院■秀秋の菩提を弔うために日蓮宗の僧日救が玉陽院を改めて開創したとされる。厨子内には木像の小早川秀秋坐像が安置されている　京都市下京区

瑞雲院の秀秋の墓■京都市下京区

小早川秀秋の位牌■京都市下京区・瑞雲院蔵

に収公されることになった。死去から四日後の十月二十二日、伊藤重家ら秀秋の宿老六名から、家康の宿老三名にあてて、備前・美作両国の知行高目録が提出されている（「壱岐文書」『戦国期領域権力と地域社会』一三六頁）。なお、妻の毛利氏は、その後は毛利家に戻り、同九年正月に京都興正寺《こうしょうじ》門跡《もんぜき》準尊《じゅんそん》と再婚している。

ちなみに秀秋の追悼文は、聖護院道澄などによって作成されているが、それは養母の北政所に送られている（『時慶卿記』）。菩提を弔ったのは、養母の北政所であった。わずか三歳のときから養子としてきた彼女にとって、そして秀吉から「秀秋だけを子と思うように」と言われた彼女にとって、秀秋の死去はあまりにも早すぎるものであったに違いない。

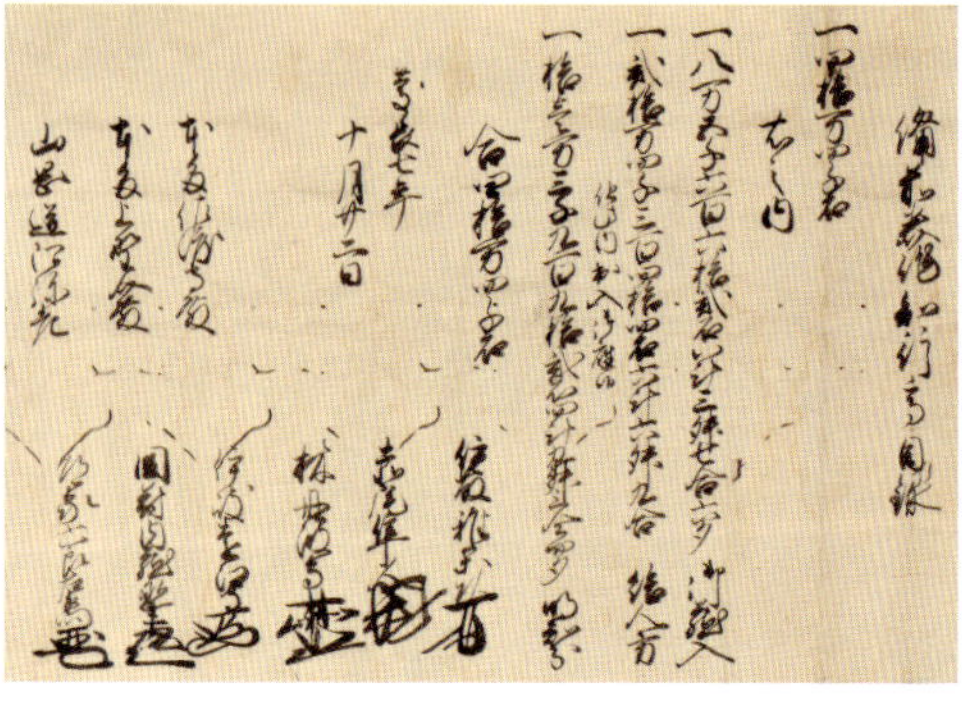

慶長七年十月二十二日付け小早川家年寄衆連署知行方目録写■「壱岐家文書」個人蔵　写真提供：和歌山県立博物館

【参考文献一覧】

＊秀秋関係

岡山市役所「小早川秀秋」（『岡山市史　第二』第六十九章、岡山市役所、一九三六年）

黒田基樹「小早川秀詮の発給文書について」（同著『近世初期大名の身分秩序と文書』戎光祥出版、二〇一七年）

同「小早川秀詮の備前・美作支配」（同著『戦国期領域権力と地域社会〈中世史研究叢書15〉』岩田書院、二〇〇九年）

中野　等「小早川秀俊の家臣団について」（『戦国史研究』二七号、一九九四年）

本多博之「小早川秀秋発給文書に関する考察」（『安田女子大学紀要』二五号、一九九七年）

同「豊臣期筑前国における支配の構造と展開」（『九州史学』一〇八号、一九九三年）

同「豊臣期の筑前宗像郡と宗像社」（『安田女子大学紀要』二四号、一九九六年）

同「小早川秀秋の筑前支配と石高制」（『九州史学』一一七号、一九九七年）

前田正明「紀伊藩士壱岐家文書について」（『和歌山県立博物館研究紀要』一三号、二〇〇七年）

渡辺世祐『豊太閤の私的生活〈講談社学術文庫482〉』（講談社、一九八〇年）

同『毛利輝元卿伝』（マツノ書店、一九八二年復刊）

渡辺世祐・川上多助『小早川隆景』（マツノ書店、一九八〇年復刊）

新人物往来社編『小早川隆景のすべて』（新人物往来社、一九九七年）

山陽新聞社編『ねねと木下家文書』（山陽新聞社、一九八二年）

＊その他

太田浩司『近江が生んだ知将　石田三成〈淡海文庫44〉』（サンライズ出版、二〇〇九年）

笠谷和比古『関ヶ原合戦　家康の戦略と幕藩体制〈講談社選書メチエ3〉』（講談社、一九九四年）

白峰　旬『新「関ヶ原合戦」論　定説を覆す史上最大の戦いの真実』（新人物往来社、二〇一一年）

同　『新解釈　関ヶ原合戦の真実』（宮帯出版社、二〇一四年）
田端泰子「曲直瀬玄朔とその患者たち」（京都橘大学女性歴史文化研究所編『医療の社会史』思文閣出版、二〇一三年）
中野　等『豊臣政権の対外侵略と太閤検地』（校倉書房、一九九六年）
同　『秀吉の軍令と大陸侵攻』（吉川弘文館、二〇〇六年）
中村孝也『新訂徳川家康文書の研究　中巻』（日本学術振興会、一九八〇年）
藤井讓治「豊臣期における越前・若狭の領主」（『福井県史研究』一二号、一九九四年）
光成準治『関ヶ原前夜　西軍大名たちの戦い〈ＮＨＫブックス１１３８〉』（日本放送出版協会、二〇〇九年）
矢部健太郎「小早川家の「清華成」と豊臣政権」（『国史学』一九六号、二〇〇八年）

【基本史料集・自治体史】

黒田基樹「小早川秀秋文書集」（同著『近世初期大名の身分秩序と文書』戎光祥出版、二〇一七年）
『新修福岡市史資料編近世１』（福岡市、二〇一一年）

小早川秀秋関連年表

年号	西暦	月日	事項
天正十	一五八二		小早川秀秋が誕生する。（北政所実兄木下家定の五男。幼名金吾）
天正十三	一五八五	閏八月	この頃までに羽柴秀吉の養子となる。
天正十六	一五八八	四月十四日	後陽成天皇の聚楽第行幸に際し、七歳で元服、従五位下・侍従に任官される。これに伴い豊臣姓・羽柴名字を与えられ、実名秀俊を名乗る。
天正十七	一五八九	十月八日	秀吉により勘当を受けた羽柴秀勝の旧領丹波国亀山領を宛て行われ、大名に取り立てられる。これにともない、山口宗永らが家臣として付属され、領国支配に当たる。
天正十九	一五九一	十月一日	正四位下・参議に叙任される。
天正二十（文禄元）	一五九二	正月二十九日	羽柴秀次主催の後陽成天皇聚楽第行幸に際し、従三位・権中納言に叙任される。
		十月二日	秀吉から七箇条の教訓書を与えられる。
		十一月十七日	家臣栗田喜左衛門に丹波国氷上郡内で三五〇石の所領を宛行う。（秀秋の現存する最初の発給文書）
文禄二	一五九三	三月	秀吉の招集に応じて、肥前国名護屋城へ下向する。
文禄三	一五九四	四月二日	家臣村田平左衛門尉・太田九左衛門尉に、丹波国多喜郡内で知行を宛行う。
		四月二十六日	家臣に丹波国船井郡内で知行を宛行う。
		七月十二日	この頃までに、秀秋を小早川隆景の養嗣子とすること、毛利輝元の養女を秀秋の妻とすることが決定される。
		十一月十三日	小早川隆景の毛利領国内における本拠である備後国三原城に下向する。これにより正式に隆景の嗣養子となり、以降、二十五日に至るまで祝宴が催される。
		十一月十六日	輝元養女との祝言が挙げられ、毛利輝元との間に婚姻関係を結ぶ。
		十二月二十日	この頃から「丹波中納言」に代わり、「筑前中納言」の呼称が用いられるようになる。

文禄四	一五九五	正月	朝鮮渡海軍再編により、秀秋の毛利輝元麾下としての出陣が計画される。
		七月二十二日	大坂において、秀次事件発生にともない提出された織田常真等三〇名連署起請文に署名する。
		八月十五日	この頃までに、小早川家家督の相続を控え丹波国亀山領を返上する。同領は前田玄以に宛行われる。
		九月一六日	この頃、養父隆景と共に、大坂から筑前国名島城に下向し、小早川家の家督と領国を正式に継承する。
			これ以後まもなく、現地における領国支配を宿老山口宗永らに委任し、大坂に帰還する。
文禄五（慶長元）	一五九六	三月	この頃、領国内検地の終了を受け、家臣宛てに文禄四年十二月一日付の知行充行状・知行目録・蔵入地預け目録を発給する（筑前領国に関する現存最古の発給文書）。以降、筑前領国支配に関する文書の発給が本格化。
		九月	朝鮮への再派兵にともない、秀秋の出陣が決定。出兵準備のため、筑前国名島城に下向する。
		十月十七日	この頃、疱瘡を煩う。これにより家老山口宗永が太宰府天満宮に平癒祈祷を依頼する。
慶長二	一五九七	二月二十一日	朝鮮渡海軍の陣容が決定。全軍の総大将として釜山浦への在城を命じられる。
			この頃、山口宗永との間に不仲を生じる。
		三月一日	宗永との不仲についての弁明のため、大坂に出頭する。
		四月一日	朝鮮への出陣に備えて、家臣への知行宛行状を発給する（「秀俊」名字の終見史料）。
		五月二十二日	朝鮮への渡海に備え、大坂から筑前国名島城へ下向する。
		六月十二日	養父小早川隆景が備後国三原城で死去する。これにともない隆景遺臣が、秀秋に附属される。
		六月二十九日	肥前国名護屋から、朝鮮に向けて出陣する。
		七月一日	同日付で、秀吉から軍陣における注意事項に関する書状を下される。
		七月十七日	朝鮮の釜山浦に着陣する。
		十二月四日	同日付の秀吉書状により、帰国を促される。
		十二月二十二日	明軍による慶尚道蔚山城攻撃を受け、山口宗永に同城の救援を指示する。

慶長三	一五九八	正月十七日	蔚山城の戦況報告を受けた秀吉から、防備を固めた上で帰国するようにとの旨の命令が下される。これ以後まもなく朝鮮から帰国する。
		四月二日	堀秀治の越後転封にともない、その跡である越前国北庄への減知転封を命じられる。
		七月十五日	秀吉の形見分けが実施され、捨子茶器と金子一〇〇枚、吉光脇差を配分される。
		八月五日	この頃から、家臣宛てに知行宛行状を発給するなど、北庄における領国支配を開始し、以後「羽柴北庄中納言」を称する。
		八月十八日	養父羽柴秀吉が死去する。
		十月	後陽成天皇の譲位に際し、勅使による打診を受ける。
慶長四	一五九九	正月十五日	この頃までに筑前・筑後への再転封が決定し、筑前国各郡に転封にあたっての対応を指示した定書を発給する。
			これ以降、再び「羽柴筑前中納言」を称する。
		二月五日	五大老の連署状により、正式に筑前・筑後を宛行われる。
		三月三日	家臣宛てに知行充行状や蔵入地目録を発給し、筑前・筑後の領国支配を本格的に再開する。
		閏八月二十九日	筑前国名島城へ下向し、以後、現地において領国支配に従事する。
慶長五	一六〇〇	四月	この頃、筑前から伏見に上洛する。
			この間、会津への出陣に備えて筑前国に下向する。
		六月	徳川家康が、会津の上杉景勝討伐のため、諸国に動員令を発する。
		六月十四日	この頃、再び大坂に上洛する。
		六月十六日	家康が会津へ向けて大坂を出陣する。
		七月十一日	近江国佐和山城の石田三成が大谷吉継と共に、家康討伐を掲げ挙兵。
		七月十九日	大坂方の軍勢が家康方の伏見城を攻撃。秀秋も同地に着陣する。

		七月二十二日	秀秋が伏見城攻撃への参加のため、伏見に着陣する。以後、周辺寺社への禁制発給を行うなど同城攻撃における総大将格として活動する。
		七月二十三日・二十四日	養母北政所が秀秋のための祈念を北野天満宮に依頼する。
		八月一日	大坂方が伏見城を攻略、これ以後、大坂方は軍勢を北国方面軍・伊勢方面軍・美濃方面軍に再編、秀秋は伊勢方面軍に編成される。
			この間、秀秋が伊勢国関地蔵院から転進し、近江国高宮に着陣する。
		八月二十二日	この頃、加賀の前田利長へ対応する北国方面軍の援護のため、秀秋の近江国木之本への出陣が計画されるが、その後美濃国への転進を命じられ、同国柏原に着陣する。
			この間、江戸方の浅野幸長・黒田長政から家康への内通を促す文書が送られる。
		八月二十八日	浅野幸長・黒田長政から内通を促す書状が再度送られる。
		八月二十九日	この頃、大坂方として美濃国大柿城に入城する。
		九月十四日	大柿城を出て、関ヶ原の松尾山城に入城する。
			同日、秀秋と家康の間で密約が成立、家康の宿老本多忠勝・井伊直政の連署起請文が秀秋の宿老平岡頼勝・稲葉正成に宛てて提出される。
		九月十五日	関ヶ原の戦いが起こる。秀秋は、家康との密約に基づき大坂方を離叛、江戸方の勝利に貢献する。
		九月十七日	江戸方が石田三成の居城である佐和山城を攻撃する。秀秋も参戦し、大手攻めを担当する。
		九月十八日	佐和山城が落城する。
		九月二十四日	近江国大津において、家康から、関ヶ原における忠節を賞する旨の書状を下される。
		十月	関ヶ原での戦功により、宇喜多秀家の旧領である備前・美作への加増転封がなされる。以後、備前国岡山城を本拠とし、「岡山中納言」「備前中納言」と称する。
		十一月十一日	家臣宛てに、新領国備前・美作における知行目録を発給する。
慶長六	一六〇一	二月	これ以降、五月までの間に医師曲直瀬玄朔の診療を受ける。

年号	西暦	月日	事項
		五月七日	この頃までに蔵入地を確定させ、代官となる家臣宛てに蔵入地預け目録が発給される。
		六月五日	領国内寺社に対し所領寄進状を発給する。これにより蔵入地・給地・寺社領の確定を完了し、領国支配を本格的に開始する。
		七月	再度、医師曲直瀬玄朔の診療を受ける。
		八月	この頃、備前国岡山城に下向し、現地において領国支配に従事する。 この間、譜代家老である平岡頼勝を誅殺、これを契機として稲葉通政ら譜代の重臣等が相次いで出奔する。一方で、譜代家老に代わる新たな側近層の取り立てを進める。
		閏十一月	この頃、岡山から伏見へ上洛する。
		閏十一月二十二日	家老稲葉通政の出奔について浅野長政に報告、家康への取りなしを依頼する。
慶長七	一六〇二	正月三日	羽柴家当主羽柴秀頼の名代として、豊国社へ参詣する。
		正月十四日	この頃までに実名を「秀詮」に改める。
		二月	出奔した譜代家老らの旧領の家臣への再配分を進める。
		四月十八日	豊国社神事に際し、神供を献上する。
		六月二十三日	家臣の軍団の再編成を実施。各軍団に対する法度の制定により、軍制の改革を進める。
		七月十七日	領国内の支城とその城主の再編成を行う。
		八月十四日	これ以降、十月初旬頃までの間に岡山城へ下向する。
		九月三日	七月の備前・美作両国における検地結果を基に、改めて知行目録を発給。家臣所領の全面的な再編を行う。
		十月十五日	備前において鷹狩りを実施、帰宅後に体調を悪化させる。
		十月十八日	岡山城において死去する。享年二十一。無子により小早川家は絶家とされる。
		十月二十二日	小早川家の絶家に伴い備前・美作の収公が決定。秀秋の宿老から家康の宿老に対し、両国の知行目録が提出される。

【著者略歴】

黒田基樹（くろだ・もとき）

1965年生まれ。

早稲田大学教育学部卒。駒沢大学大学院博士後期課程満期退学。博士（日本史学、駒沢大学）。現在、駿河台大学教授。

著書に、『図説 太田道灌』（戎光祥出版）・『戦国大名北条氏の領国支配』（岩田書院）・『増補改訂 戦国大名と外様国衆』（戎光祥出版）・『中近世移行期の大名権力と村落』（校倉書房）・『百姓から見た戦国大名』（ちくま新書）・『戦国大名』（平凡社文庫）・『戦国北条氏五代』（戎光祥出版）・『小田原合戦と北条氏』（吉川弘文館）・『長尾景仲』（戎光祥出版）・『真田昌幸』（小学館）・『「豊臣大名」真田一族』（洋泉社）・『真田信之』（角川選書）・『真田信繁』（戎光祥出版）・『羽柴を名乗った人々』（角川選書）ほか、多数。

シリーズ・実像に迫る 005
小早川秀秋《こばやかわひであき》

2017年2月10日初版初刷発行

著　者　黒田基樹
発行者　伊藤光祥
発行所　戎光祥出版株式会社
〒102-0083 東京都千代田区麹町1-7 相互半蔵門ビル8F
TEL：03-5275-3361（代表）　FAX：03-5275-3365
http://www.ebisukosyo.co.jp
編集協力　株式会社イズシエ・コーポレーション
印刷･製本　日経印刷株式会社
装　丁　堀　立明

ISBN：978-4-86403-228-5